本书获长沙理工大学出版资助

Research of Influence of Dynamic

Capabilities on Corporate

Diversification and Performance from a

Knowledge-based Perspective

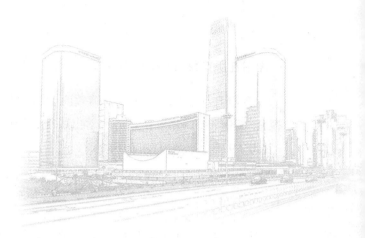

动态能力对企业多元化
及其绩效的影响研究

——基于知识的视角

胡 钢 / 著

中国财经出版传媒集团

经济科学出版社
Economic Science Press

图书在版编目（CIP）数据

动态能力对企业多元化及其绩效的影响研究：基于知识的
视角/胡钢著 . —北京：经济科学出版社，2016.6

ISBN 978 - 7 - 5141 - 7014 - 6

Ⅰ.①动…　Ⅱ.①胡…　Ⅲ.①企业管理 - 研究

Ⅳ.①F270

中国版本图书馆 CIP 数据核字（2016）第 136423 号

责任编辑：李　雪　袁　澂
责任校对：杨晓莹
版式设计：齐　杰
责任印制：邱　天

动态能力对企业多元化及其绩效的影响研究
——基于知识的视角
胡　钢　著
经济科学出版社出版、发行　新华书店经销
社址：北京市海淀区阜成路甲 28 号　邮编：100142
总编部电话：010 - 88191217　发行部电话：010 - 88191522
网址：www. esp. com. cn
电子邮件：esp@ esp. com. cn
天猫网店：经济科学出版社旗舰店
网址：http：//jjkxcbs. tmall. com
北京季蜂印刷有限公司印装
710 × 1000　16 开　14.5 印张　220000 字
2016 年 6 月第 1 版　2016 年 6 月第 1 次印刷
ISBN 978 - 7 - 5141 - 7014 - 6　定价：48.00 元
（图书出现印装问题，本社负责调换。电话：010 - 88191502）
（版权所有　侵权必究　举报电话：010 - 88191586
电子邮箱：dbts@ esp. com. cn）

前　言

半个世纪以来，多元化一直是管理研究的重要问题之一，但也是争议最多、至今尚未有一致结论的研究领域。学者们依据不同的理论，从各个角度分析多元化的内在动机、检验多元化和企业绩效的关系，往往得出不同的、甚至相反的结论。我国企业在成长过程中，也会遇到多元化问题，在环境快速变化的情景下，企业多元化的动机，多元化对企业绩效的影响，这些都值得研究。本书的研究目的是期望能通过知识观视角，结合动态能力理论，在我国企业多元化动机、多元化与绩效问题上探索出一些有益的结论。

以往的研究多从范围经济、分散风险、代理理论等角度来分析多元化动机，得出结论差异较大，没有统一的观点与看法。本书从知识观的视角研究企业的多元化行为，按照"动态能力—多元化—绩效"的逻辑框架进行研究。在这样的背景下，本书从多元化理论出发，借鉴和融合知识观理论及动态能力理论，提出了如下三个研究问题：（1）如何从知识观的视角界定动态能力？哪些维度构成了基于知识的动态能力？如何度量基于知识的动态能力？（2）知识资源对企业多元化战略的影响？基于知识的动态能力对企业多元化有何影响？（3）基于知识的动态能力对多元化绩效有何影响？本书采用了理论研究与实证研究相结合、定性研究与定量研究相结合的方法。

在理论研究、企业问卷调查等基础上，构建了基于知识的动态能力与企业多元化类型的概念模型并提出相应研究假设、基于知识的动态能力对多元化绩效影响的概念模型并提出相应研究假设；围绕概念模型和研究假设，采用 SPSS20.0 对数据进行了信度和效度分析、聚类分析，采用 AMOS20.0 对数据进行了结构方程分析。

本书首先通过梳理企业多元化相关理论，融合动态能力理论、知识观理论等相关学科知识，初步构建了基于知识观的企业多元化的分析框架。在此基础上，本书分析了知识观与动态能力的内在联系，从知识视角刻画动态能力的构成维度。本书揭示了企业多元化的知识动因，比较分析了资源基础与知识视角下企业多元化成长的差异，界定了基于知识的多元化类型。并分析了知识视角下多元化的协同效应，揭示了核心知识、动态能力与企业绩效的内在关系。

在实证研究中，本书以国内制造类企业为样本，应用结构方程模型方法，对概念模型进行估计、检验、修正与调整，确立最终理论模型。通过数据实证，研究了动态能力对企业多元化及绩效的作用。研究结果表明，基于知识的动态能力包括了知识吸收、知识创造和知识整合能力三个维度。知识整合能力对基于创新的多元化有着显著并直接的正向影响，而且知识整合能力在知识吸收和知识创造能力对基于创新的多元化的影响中起部分中介作用。企业动态能力的强弱对多元化绩效产生显著的调节效应。

本书研究贡献主要体现在三个方面：（1）系统界定了基于知识的动态能力的基本构成维度，包括知识吸收、知识创造与知识整合能力，一定程度上突破了现有研究对动态能力的限定。（2）从知识观的角度来研究多元化类型，提出基于知识的多元化分类，包括基于复制的多元化与基于创新的多元化，一定程度上丰富了企业多元化理论的内涵，摆脱了以往研究中的束缚。
（3）揭示了基于知识的多元化动机，较强的动态能力与知识的
市场失灵是多元化的根本动因，突破现有研究对多元化动机的一
般分析。

作者
2016 年 6 月

目　录

第7章

第 1 章

绪　　论

1.1　研究背景及意义

1.1.1　研究背景

对公司多元化经营动机及其价值效应的认识，自安索福（Ansoff，1957）的开创性研究以来，至今仍然是一个备受争议的话题[1]。贝里（Berry，1975）指出，在 Modigliani – Miller 构造的理论世界中，由于投资者不需 CEO 的帮助就可以无成本地进行投资组合，因而公司多元化是没有价值效应的[2]。然而，美国大部分的公司仍然保持着高度多元化。蒙哥马利（Montgomery，1994）报告称至 1992 年，财富 500 强中 2/3 的公司积极地在至少明显的 5 个以上的行业中运营[3]。

纵观世界各主要经济发达国家企业的发展历程可以发现，多元化战略在其中扮演着十分重要的角色。自第二次世界大战以来，特别是在 20 世纪 60 年代和 70 年代，一些大公司纷纷通过并购来实施多元化战略。多元化战略已经成为一些大公司迅速扩张的重要方式，多元化战略日益被美国和欧洲的许多公司所采纳，从而掀起了一股多元化经营热潮，并造就了许多跨越地域、行业和市场的国际性企业。

伴随着我国改革开放程度的进一步加深，以及世界经济一体化程度的加快，中国企业受西方经济发达国家企业多元化战略热潮的影响和政府的推动，也纷纷实施多元化战略，开展多元化经营。如何解读中国公司多元化动机及由此产生的经济后果，这是指导多元化经营实践、为政策制定提供借鉴的必经之道。

至 20 世纪 80 年代中期，"科工贸一体化，产供销一条龙"成为当时我国企业自我宣传的最常见标语之一。综合而言，在所有实施多元化战略的企业中，由于其多元化战略类型的选择差异、实施程度的强弱和具体实施途径的不同，导致了企业的多元化战略的实施效果也存在极大差异，甚至有的企业走向了失败。另外，伴随着中国加入 WTO，西方的那些实力雄厚的跨国集团公司将会在更多领域与我国企业展开形式多样且激烈的市场竞争。

自 20 世纪 90 年代以来，我国上市公司开始逐步走上多元化经营之路。中国企业联合会 2006 年公布的一份关于中国企业失败原因的研究报告也显示，"中国的失败企业绝大多数败于多元化"。尽管如此，多元化战略并没有被实践界所抛弃，并且它已经成为我国上市公司成长的重要手段。薛有志等研究表明，到 2005 年，沪市的制造业上市公司有 85.48% 实施了多元化经营，许多公司的多元化经营已达到较高的程度[4]。因此，如何正确认识多元化战略、保证多元化战略的成功实施已成为亟待解决的问题。

早期的学者（Penrose，1959）依照产业组织和管理学的观点进行规范分析，认为多元化经营具有规模经济与范围经济、产生协同作用的优势，是公司组织寻求持续增长的一种策略[5]。基于交易成本理论的内部资本市场观（Stein，1997）认为，专业化公司只能依靠外部资本市场配置资源，而多元化公司可以通过 CEO 和内部资本市场将资金由公司总部分配到各经营单元，内部资本市场复制了外部资本市场的资源配置功能，促使资源向效益较高的经营单元转移[6]。

自 20 世纪 80 年代起，学者从不同的理论视角并运用经验证据探讨了多元化的动机，其中代理理论认为公司多元化隐藏着经理阶层的私人利益。延森（Jensen，1986）认为与专业化公司相比，多元化公司更容易投资于那些净现金流为负的项目，通过多元化，经理们能够获得超过其成本的私人利益，包括获取高额报酬、提高职业声誉、增强职业前景、降低经理个人投资组合风险等[7]。

与多元化经营动机的学术探索紧密关联的是对多元化经营后果的研究，后者也是对前者的一个印证，两者构成了多元化研究领域的主要命题。多元化经营是增加还是减少公司价值长期以来都是学术界争执不下的问题，而且实证研究的结论也远未达成一致。过去近20年中对多元化价值效应有"三波"认识，即折价相关论、折价无关论与溢价论：第一波的研究总结出多元化公司往往具有更低的Tobin's Q，与单一公司组成的投资组合集相比折价达到15%，股票市场往往对集中度提高的公司反应良好（Scharfstein，2000）；第二波的研究挑战了多元化与折价关联的争论，认为折价并非由于多元化的原因而是被并公司在合并前作为专业化公司就存在折价的结果（Villalonga，1999）；第三波研究认为不存在多元化折价，事实上多元化公司是以显著的溢价进行交易的[8][9]。

上述的研究与经验发现主要是基于美国等发达市场经济国家进行的，而新兴市场和经济转型国家的市场与政府关系、法律法规等相关制度特点迥异于发达市场经济国家，后者的多元化动机和后果或许有所不同。学者把研究视野转向这一地区，运用制度基础的理论（Khanna and Rivkin，2001；Peng，2003）分析它们的多元化动因与后果，发现在这些国家或地区中，虽然市场机制在配置资源时起着一定的作用，但公司的发展也依赖于非市场机制，在转型初期，以社会关系等非正式制度为基础的多元化战略或许更佳[10][11]。

1992年，500家美国最大的公众公司中，大约87%的公司在标准产业代码（SIC）中的两种或两种以上的产业中经营；1991~1996年期间，东亚国家的多元化公司占到了所有公司比例的65%以上。

就中国的实践看，中国企业自1978年以来，先后出现过多种形式的"多元化"经营。最为典型的有三种形式：①"企业办社会"型多元化。无论企业规模大小，均不同程度地开办解决企业职工子女和富余人员的就业、安置问题等三产企业。②"急速扩张"型多元化。自1992年起，许多企业短期内涉足多个不相关的行业。③"资产重组"型多元化。随着中国资本市场资源配置功能的建立与发挥，在国有企业改革、改组和改造的大背景下，以上市公司为代表，企业通过购并等方式实施"一业为主，多业并举"的多元化扩张战略，这一时期中国的多元化公司占到了60%左右。

多元化理论为分析中国上市公司经营范围战略抉择提供了有益的视角，但西方的多元化理论并不完全适合兼具新兴市场与转轨经济制度背景的中国公司多元化的实际情况。

40余年来，多元化一直是管理研究的重要问题之一，但也是争议最多、至今尚未有一致结论的研究领域。学者们依据不同的理论，如市场力量理论、内部市场理论、交易成本理论、代理理论和资源观，从各个角度检验多元化和企业绩效的关系，往往得出不同的，甚至相反的结论。帕利希，卡迪纳尔和米勒（Palich，Cardinal & Miller，2000）认为，判断一个研究领域是否成熟的标准是：①该领域已经存在大量的实证研究；②这些研究已经形成了相当一致且具解释力的结论；③这些研究对于该领域重要关系性质的理解已经达成了普遍共识[12]。显然，关于多元化战略现有研究文献至少不能够满足上述第二和第三个条件。显然，未来继续研究多元化战略仍然具有比较重大的理论价值与实践意义。

我国企业在成长过程中，也会遇到多元化问题，企业多元化的动机何在？动态能力对多元化绩效有何影响？这些都是值得研究的问题。本研究期望能在我国企业多元化问题上探索出一些有益的结论。

1.1.2 研究意义

由于多元化战略对于企业发展所具有的重要影响作用，以及现有的关于多元化战略与企业绩效关系研究仍然存在诸多局限性乃至空白之处，所以进一步加强对此命题的研究便具有较高的理论意义和较强的实践指导意义。

有助于进一步丰富和促进企业战略管理及其相关学科理论发展。许多关于多元化战略与绩效关系这一命题的研究文献大多是以发达国家企业作为样本而建立起来的。然而，在发达国家中，随着时间的推移，制度环境已经演变得既有益于企业活动，而且变得非常稳定，以至于企业能够作出有效的反应。具体地说来，发育良好的产品市场、资本市场和劳动力市场

4

的缺乏（即市场条件缺陷），再加上欠发达的法律法规，以及契约执行的不一致性（即机构行为的不确定性）表明，多元化战略可能会对新兴经济体中的企业产生积极的影响（Khanna & Palepu, 1997）[13]。这种研究方向有助于拓展现有企业战略管理理论基础，能够理解不同背景条件下的多元化战略与绩效关系。此外，现有研究在考察多元化战略时，大多以美国、欧洲和日本等经济发达国家企业作为样本。因此，本书试图利用知识观、战略管理等多种理论知识，分析我国企业多元化动机及其与绩效的关系。这有助于我们更加全面地认识多元化战略，从而可能促进企业战略管理学及其他相关学科理论发展。

有助于企业经营管理人员全面、客观、理性地认识多元化战略。事实上，多元化战略对于不同经济发达程度国家的企业可能会产生不同的影响，对于同一国家内部不同发展阶段的企业也可能会产生不同的影响。根据理论分析与实践观察，多元化战略存在着许多有利企业之处，因此，本书选取我国企业作为样本，从知识观、战略管理等多学科视角出发，探究多元化战略实施的内在动机，并分析多元化类型与企业绩效的关系，从而能够为企业经营管理人员全面、客观、理性地认识多元化战略奠定坚实的基础。

有助于为企业经营管理人员，尤其是企业高层管理者提供相应的战略决策支持和管理工具。由于无论是对经济发达国家还是经济欠发达国家企业来说，多元化战略在企业做强做大过程中都一直扮演着十分重要的角色，同时，企业存在的一个非常重要理由就是盈利，即努力维持高绩效水平。因此，本书通过探究企业实施多元化战略的内在动机，分析多元化战略类型与企业绩效的相关性，以及论述通过多元化战略提升自身绩效的机制，有助于为企业经营管理人员选择恰当的多元化战略提供现实指导作用。

1.2 相关概念界定

1.2.1 动态能力

动态能力的概念已经演进了10多年，并从组织惯例、核心能力、核心胜任力与刚性、架构能力、能力建设和吸收能力相关的研究中提出了它的概念[14]。一些学者称动态能力是模糊的并且同义反复。他们认为能力的价值是根据对绩效的影响来定义的。而另一些人则支持动态能力的概念，并指出动态能力是一套具体和明确的流程，这个概念是建立在大量的实证研究基础之上，而且它们的价值可以不依赖于公司绩效进行定义。从不同的学术流派中，如演化经济学、组织学习、资源基础观、知识基础观、交易成本经济学和复杂性理论中，学者们试图揭开作为竞争优势来源的动态能力的神秘面纱[15][16]。

蒂斯和皮萨诺（Teece & Pisano，1994）认为，动态能力是企业能力的子集，使企业得以创造新产品和工艺以应对市场环境变化[17]。动态能力观的前提是：比竞争对手更快的重构资源以把握新市场机会的企业能够获得更好的绩效。蒂斯等（Teece et al.，1997）称动态能力是整合、构建和重构内部和外部能力以应对快速变化环境的能力。动态能力反映企业在给定路径依赖和市场位势下获取创新型竞争优势的能力。

希尔法特（Helfat，1997）指出动态能力能让公司创造新产品和流程并对变化的市场环境作出反应的能力。希尔法特等（2003）定义动态能力是一个组织有目的性的进行构建、扩展，或者修改其资源基础的一种能力。这项精确的定义，是非常有意义的，能让学者通过调查更广泛地了解动态能力的性质和来源。这项定义减少先验假设，因此与蒂斯（1997）的观点相符合，动态能力能够使一个企业应对环境变动。无论最后产生任何影响，动态能力的作用对企业的资源基础来讲都是最为重要的，包括有形资产，无形资产和能力。

艾森哈特和马丁（Eisenhardt & Martin，2000）认为动态能力是企业运用资源，尤其是整合、重构、获取和释放资源以适应或者创造市场变革的过程[18]。因而动态能力是企业随着市场出现、冲突、裂变、演化和衰亡实现新的资源组合的组织和战略惯例。

温特（Winter，2000）同样认为，动态能力是有一个组织系统并稳固的特点，但他对于动态能力是程序这一观念持异议。他认为，与有时对于管理人员来说完全无形和未知的程序不同，动态能力的控制杠杆和预期效果是众所周知的。换句话说，动态能力必须建立在管理人员的角色类似于建筑师的基础上。温特（2003）指出动态能力是扩大、改善或产生普通能力的能力[19]。

萨拉和乔治（Zahra & George，2002）称动态能力是吸收能力的重定义，是关于知识的创造和利用，增强企业获取和保持竞争优势的能力。萨拉，萨皮恩扎和戴维松（Zahra，Sapienza & Davidsson，2006）认为动态能力是以公司主要决策者认为正确的方式，重新配置企业的资源和惯例的能力[20]。

佐罗和温特（Zollo & Winter，2002）指出动态能力是一种学习的、有稳定模式的群体行为，组织通过动态能力系统性地创造和修改运作惯例以获得效率改进。

祖特（Zott，2003）认为动态能力嵌入在组织的知识流程中，指向组织变革和演化，并使组织得以重构资源基础和适应市场变革以获得竞争优势。

布兰泽和韦尔京斯基（Branzei & Vertinsky，2006）指出对产品创新而言，动态能力包括企业获取和吸收外部知识、将其转化为新的、独特的能力和创意，并通过率先开发和有效地产业化为新型或改进型产品来收获这些创意的能力。

王和艾哈迈德（Wang & Ahmed，2007）定义动态能力是企业针对环境变化，为获取和保持竞争力而持续地整合、重构、更新和再创造资源和能力、升级和重构核心能力的行为导向。

丹尼尔斯（Danneels，2010）将动态能力定义为资源剥离或释放能力[21]。吴（Wu，2006，2010）把动态能力定义为整合能力、学习能力、重构能力。德诺维奇和克里亚西纳斯（Drnevich & Kriauciunas，2011）指出，动态能力是开发新产品或服务、实施新的业务流程、创建新的顾客关系、改变经商方式的能力。

尽管动态能力广泛使用，但是一个普遍接受的定义却迟迟没有出现。动态能力的定义有很多种，但其中大部分都缺少对资源和能力的明确描述，以及对能力和动态能力的恰当区分。虽然关于动态能力概念问题还存在很多矛盾，但是存在着一种共识，那就是动态能力是资源基础观的一种补充。综观动态能力的相关定义，环境的动态特征是这一概念的出发点，应对环境变革的适应性调整是这些定义的共同特征。

1.2.2　多元化

企业多元化经营，又称多角化、多样化经营等。对于企业多元化的研究，尽管成果颇丰，但至今尚未有一个统一的定义，中外学者根据研究的目的，从不同的角度进行定义。以下是几个最具有代表性的定义。

安索福（Ansoff，1957，1965）最早提出了企业多元化的概念，他第一次明确地从企业成长战略的角度提出了企业多元化经营的含义[22]。他认为，企业成长有四种基本方向：①在现有市场内的增长；②在现有市场内销售新产品；③向新市场销售现有产品；④向新市场销售新产品。他认为第四种方向，就属于多元化经营。

彭罗斯（Penrose，1959）则将多元化定义为：企业在基本保留原有产品生产线的情况下，扩张其生产活动，开展若干新产品（含中间产品）的生产。于是多元化就包括了各种最终产品的增加，垂直一体化程度的增加，以及企业运营的生产领域数目的增加。最后一项对多元化的度量是最重要的。

戈特（Gort，1962）认为，企业多元化经营可定义为单个企业服务的异质市场数量的增加。但他指出，所服务的市场的异质性若仅仅涉及有差异的同类产品或垂直结合方式，则其增加并不属于多元化经营[23]。

钱德勒（Chandler，1962）通过对杜邦公司成长的研究得出结论：多元化是企业最终产品线的增加。他认为，杜邦公司从产品线的扩展过程中获得了发展。他尤其强调这种扩展对企业组织管理能力提出的新挑战，即企业由单一产品线发展到多产品线组织结构也相应地由 U 型组织向 M 型组织转变。通过产品线的数量来定义多元化，区分了公司多元化战略与差异化策略。同时，钱德勒首次提出了多元化经营与公司组织结构之间的关系，指出公司组织结构的相应调整是公司多元化成功的关键[24]。

蒂斯（Teece，1980）从市场和顾客角度来界定多元化，然而，他对多元化的定义过于苛刻，在他看来，新业务必须与现有业务完全无交叉弹性。如果以该标准来定义，那么，至少从消费者角度来看，所有多元化业务都必须完全不相关[25]。

我国学者尹义省（1998）认为，多元化是指企业的产品或服务跨一个以上行业的经营方式或成长行为。多元化有静态和动态两种含义，前者指一种企业经营业务分布于多个行业的状态，强调的是一种经营方式；后者指一种进入新的行业的行为，即成长方式[26]。

康荣平（1999）认为，理解多元化的含义关键是对相关的行业和市场定义的界定，由此他定义多元化经营为：企业不仅在多个行业内从事生产经营活动，而且向不同的市场提供多种不同的产品[27]。

苏冬蔚（2005）、洪道麟等（2007），根据中国证监会行业分类指标体系，如果公司在两个及两个以上的门类或次类行业中经营则被认定为从事多元化经营[28][29]。

从以上认识可见，由于观察和理解的角度不同，学者们对多元化经营内涵的理解存在着差别。但可以归纳为静态和动态两种含义，前者是指公司经营业务分布于多个行业的一种状态，强调的是一种经营方式，如戈特（Gort）的定义；后者指的是公司进入新的行业的行为，强调的是一种经营动作（尹义省，1998），如安索福（Ansoff）和罗宾逊（Robinson）的看法。

1.3　研究思路与方法

1.3.1　研究思路

通过分析基于知识的动态能力对企业多元化的影响，多元化的内在驱动因素及其对企业绩效的影响，构建出基于知识的动态能力、多元化与企业绩效的概念模型。运用问卷调查、统计数据对所构建的基于知识的动态能力测量模型；动态能力对多元化的影响；多元化与企业绩效关系的概念模型进行实证检验，以期能够为我国企业经营管理人员，尤其是高层管理人员决策和选择合理的多元化提供借鉴依据与管理工具。

1.3.2　研究方法

本书将综合运用管理学、经济学、社会学和统计学等相关学科的理论，采用理论演绎、理论假设和统计分析研究相结合的方法。首先，通过理论演绎得出我国企业实施多元化战略的理论基础、内在动机，构建"动态能力—多元化—绩效"的概念模型，提出多元化战略与企业绩效之间的相关理论假设。然后，选取一定数量的国内企业作为样本，通过问卷调查及统计数据对动态能力、多元化战略与企业效率之间的关系进行实证分析，验证理论假设，形成研究结论。

（1）文献研究与调查相结合。有关动态能力、多元化的相关文献近年来增长很快。在本书写作过程中，笔者大量阅读了与之相关的国内外文献，积累了不少前人研究的有关成果。为了揭示现象背后内隐的本质和规律性，验证理论的合理性，笔者对样本企业进行问卷调查。从选题到观点形成及概念模型的构建，从模型检验到相关对策建议的提出，都体现出文献整理与调研方法的紧密结合。

（2）理论分析与实证分析相结合。本书坚持理论研究与实证研究相结合的方法，在实践中提出理论问题，在理论研究中解决实践问题，再用实践来检验理论结论。本书运用知识观、动态能力理论、战略管理理论对企业多元化进行系统研究，得出概念模型与理论假设。在此基础上，选择我国企业样本发放调查问卷、进行实证分析，分析企业多元化的行为，验证理论假设。

（3）定性分析与定量分析相结合。注重定性和定量的充分结合，通过理论分析、模型构建提出基于知识的动态能力，基于知识的多元化及其与绩效的关系，然后采取定量分析方法，对模型与假设进行实证研究。使定性研究和定量研究相得益彰。

1.4　研究内容

全书共分为七章，结构安排如下：

第1章绪论。介绍了研究的背景，进而阐述了研究的目的与意义，界定了文中的主要概念，明确了研究思路与所采用的研究方法、研究的主要内容、本书创新之处。

第2章理论基础与文献综述。依次对动态能力的测度、动态能力的影响因素，多元化类型、多元化动机、多元化与绩效的关系等国内外相关文献进行系统深入的回顾。在介绍前人所做研究的基础上，对不同研究进行分析、比较、归纳、总结这些研究的优势和存在的问题，并对此提出相应看法，为本书后续章节的研究工作奠定基础。

第3章动态能力对企业多元化影响的机理分析。主要分析了基于知识的动态能力构成要素，企业多元化的内在动因、多元化的形成过程、基于知识的多元化类型，多元化与绩效的关系。从理论上分析动态能力、多元化与绩效的关系，为后续章节的实证研究作准备。

第4章动态能力构成与维度的实证研究。重点分析了动态能力的影响因素，提出基于知识的动态能力的测度量表，并通过问卷调查、探索性因子分析和验证性因子分析等定量化实证方法对量表的信度和效度进行检验。

第5章动态能力对企业多元化影响的实证研究。根据文献研究提出知识吸收能力、知识创新能力、知识整合能力与基于复制的多元化、基于创新的多元化之间关系的概念模型。通过对问卷调查数据的分析及结构方程建模，对动态能力与多元化类型关系的概念模型进行检验，并对结果进行分析与讨论。

第6章动态能力对企业多元化绩效影响的实证研究。根据文献研究提出动态能力较强、较弱两种情景下，多元化与企业绩效之间关系的概念模型。通过对问卷调查数据的分析及结构方程建模，对多元化类型与绩效关系的概念模型进行检验，并对结果进行分析与讨论。

第7章结论与展望。总结主要研究结论、对企业管理者的启示，归纳研究中存在的不足之处，并为后续研究提出建议。

本书具体结构如图1-1。

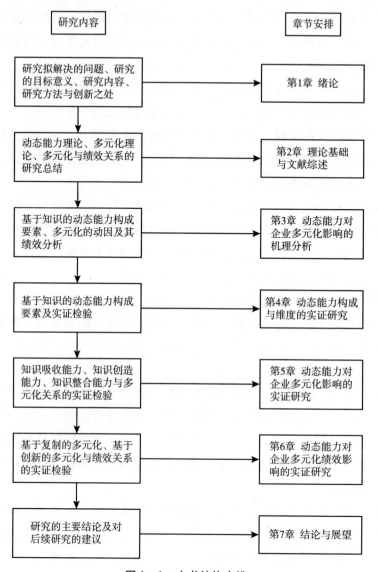

研究内容　　　　　　　　章节安排

图1－1　本书结构安排

1.5　研究贡献

本书主要贡献如下：

（1）本书从知识观的角度来研究动态能力，通过理论分析提出基于知识的动态能力包括了知识吸收能力、知识创造能力和知识整合能力这三类基本能力要素，构建了基于知识的动态能力测量模型。将基于知识的动态能力表述为企业吸收、创造和整合知识资源，通过知识的开发和利用，以适应快速变化的环境，增强企业获取和保持竞争优势的能力。并通过信度分析、探索性因子分析、验证性因子分析检验了基于知识的动态能力测量模型的拟合性与适用性。不同于以往关于动态能力的研究主要从战略、技术、组织和演化四个视角展开，认为动态能力的内涵是一种组织能力（独特的资源），一种技术能力，创造组织知识的能力，一种集体学习活动。

（2）本书从知识观的角度来研究企业多元化的动机，认为企业的动态能力（包含知识吸收、知识创造、知识整合能力）与知识资源的市场失灵（由知识的可占用性、专业性、情景相关性、路径依赖性所决定）是多元化的最根本动因，构建了基于知识的动态能力与企业多元化类型选择的概念模型。并通过因子分析、结构方程模型检验系统分析了变量间的相互关系。不同于以往关于企业多元化驱动因素的研究主要从市场力量、内部市场、分散风险、交易成本、资源使用、代理理论等角度开展研究。

（3）本书从知识观的角度来研究企业多元化类型，提出企业进入新的业务领域进行了知识利用，即企业将既有知识在不同业务间进行转移与共享以充分实现蕴含于其中的范围经济，则定义为基于复制的多元化；企业进入新的业务领域进行了知识开发，即企业进入新业务领域时获取了新的知识资源或竞争能力，则定义为基于创新的多元化。通过结构方程模型分析表明基于知识的两类企业多元化的绩效之间是有显著差异的。不同于目前关于企业多元化测量主要从战略设计理论、产业组织理论、资源基础理论等视角开展研究，在鲁梅尔特（Rumelt）分类法、赫芬达尔指数法（基于 SIC）、熵指数法（基于 SIC）、基于技能的测量法之外提出了新的企业多元化分类方法。

第2章

理论基础与文献综述

2.1 动态能力理论

在当今市场中，竞争是商业的必不可少的条件，战略管理的基本问题之一就是如何获得并维持竞争优势。可以通过很多不同的理论来研究竞争优势的来源，其中包括竞争力理论，战略冲突理论，能力基础理论和资源基础理论。动态能力理论是资源基础理论的延伸。该理论来源于熊彼特提出的用于解释企业成功和失败的创新基础竞争，熊彼特还提倡能力的"创造性的破坏"这一理念。

自从蒂斯，皮萨诺和苏恩（Teece，Pisano & Shuen，1997）发表关于动态能力的具有巨大影响力的著作后10余年，其主题仍然吸引着世界各地的管理学者和从业人员的关注[30]。毫无疑问，人们对于动态能力的浓厚兴趣有许多方面的原因。而这些原因与资源基础观紧密相关（Barney，1991；Peteraf，1993；Wernerfelt，1984），其本身就是一个高度活跃的研究领域[31][32][33]。资源基础观的核心问题集中体现在能力与企业绩效，其在战略管理领域中长期具有重要地位。而与资源基础相反的观点，其重点则在动态上。虽然动态能力的主题主要集中在动态上，许多以资源基础观为核心的文章（Dierickx & Cool，1989；Wernerfelt，1984）都包含动态元素[34]。

企业的资源基础观将企业定义为很多种资源，其中包括资产、能力、组织流程、企业性质、信息、知识等。任何被认为是企业优势或劣势的事物都是企业的资源。这些资源混杂分布于企业当中，并且其差异性会随着时间而持续下去[35]。

资源基础观着重强调了稀缺资源和珍贵资源所带来的竞争优势。Barney 认为当资源变得珍贵、稀缺、不可仿效和不可替代（VRIN 属性）时，企业能够获得可持续的竞争优势。通过观察绩效的优劣可以辨识 VRIN 资源，并将这种绩效归因为企业拥有的独特资源。当这些资源具有互补性时，这种互补性能够提高它们获得可持续竞争优势的可能性[36]。

动态能力涉及时序动态，包括动态生命周期（Helfat & Peteraf, 2003），生命周期及企业和行业的动态演化路径[37]。动态能力符合且补充了关于企业日益动荡的外部环境以及竞争日益激烈的流行观点（D'Aveni, 1994）[38]。因为动态能力处理了变革机制，并与创新和组织学习相联系（Fiol & Lyles, 1985），使得它与知识管理（Easterby – Smith & Prieto, 2008）、知识基础观联系起来[39][40]。这些主题的广泛性表明了，推进动态能力的研究来自于多个方向。

2.1.1　动态能力的视角与属性

资源基础观用静止的眼光来看待公司的资源投资组合。它不足以解释在急剧变化中的竞争优势的原因，因此会在高速变化市场中衰落。在这种环境快速变化的市场中，管理者所面临的战略挑战就是维持可持续的竞争优势。对此动态能力可以给出一些解释。公司在这种情况下所获得的竞争优势应归因于它们所发展的动态能力。动态能力涉及公司有效利用其资源从而适应不断变化的商业环境的能力。

在文献资料中，不同学者对动态能力提出了不同定义，他们为动态能力从资源基础观中演进的方式提供了关键性的见解。无论是蒂斯等（Teece et al., 1994）学者最先提出的动态能力概念，还是其后学者的界定，都大致包括两方面的内容：①环境的动态特性；②针对动态环境的资源、能力的获取、整合与重构。相应地，对于动态能力的研究可以分为侧重组织内部视角和侧重环境视角的两大类。其中，侧重组织内部视角的研究又可细分为战略、技术、组织和演化四个视角（Leoncini et al.，2003）（见表 2 - 1）[41]。

表 2 - 1 动态能力的研究视角

分类	战略	技术	组织	演化
研究者	Teece et al.，1997	Iansiti & Clark，1994	Nonaka，1994；Nonaka & Takeuchi，1995	Zollo & Winter，1999；Zott，2003
内涵	一种组织能力（独特的资源）	一种技术能力	创造组织知识的能力	一种集体学习活动（有意图的惯例）
载体	应对变革的能力	技术（技术知识、技能、诀窍、递归活动）	组织知识	运营惯例（准自动的惯例）
核心要素	基于战略管理视角的组织学习	结合战略考虑的组织学习	基于组织理论视角的组织学习	基于演化视角的认知性学习
企业假设	资源和能力的结合	资源的技术系统，技术集成起决定性作用	个体和集体知识互动的组织	组织惯例和能力的集合
环境假设	组织与竞争者、供应商和客户之间的互动	通过竞争关系尤其是外部技术整合和顾客整合连接的产业	主要通过组织间学习而互动的组织的集合	社会 - 政治情景中的有特定地域的制度系统
主要贡献	对企业异质性和竞争优势来源的解释	对技术变革的深入分析	基于知识管理模型的过程框架	对动态能力形成与发展机制的探究

1. 战略视角

基于战略管理的动态能力主要是基于蒂斯等（Teece et al.，1997）提出的动态能力概念。该视角将组织视为资源和能力的集合，将动态能力视为资源基础观理论的延伸，认为组织如果无法持续更新其拥有的核心能力，则核心能力会逐渐成为"核心刚性"（Leonard - Barton，1992），阻碍组织发展。因此组织必须具有不断更新自身能力的能力。动态能力主要是指组织整合、构建及重构组织能力，以获取和保持竞争优势的能力。动态能力与"组织过程"紧密相连。组织过程的动态任务包括通过"根植于特定组织环境的信息编码和搜索程序"进行的学习，以及基于"新模式的活动、惯例或新逻辑"的组织知识创造（Teece, et al., 1997）。动态能力是组织经由持续不断的学习过程所积累的能力，因而组织学习是解释动态能力的核心要素。

2. 技术视角

该视角将企业视为一个包括技术人员和战略制定者在内的技术系统，主要关注新技术对企业的影响，认为"技术间断"往往会摧毁企业现有的能力（Tushman & Anderson, 1986），企业需要在"结构知识"上进行变革（Henderson & Clark, 1990）[42]。这些新的技术往往作为新产品或者新开发项目的形式出现（Iansiti & Clark, 1994）[43]。这里的动态能力事实上是指技术能力，涉及以下方面：①技术环境变化要求企业所掌握的技术知识；②企业用于新产品或工艺的技术技能和诀窍；③企业解决技术问题的技术活动链。"技术集成能力"是一种经常被强调的技术能力，指的是识别与企业相关的技术知识，与企业现有知识基础加以整合并运用的能力（Iansiti & Clark, 1994）。在技术能力视角中，组织学习仍然是形成动态能力的核心要素。

3. 组织视角

该视角认为组织的动态能力在于组织创造新知识的能力。组织以一种螺旋上升的方式创造新知识，经由将个人层面的隐性知识转化为显性知识，再进一步变为组织可运用的知识，进而运用这些知识获取市场上的领先地位（Nonaka, 1994）[44]。组织视角相对其他视角更注重组织内个人及组织与组织之间知识传递与互动对于企业动态能力的影响。

4. 演化视角

该视角从演化经济学发展而来，将组织视为惯例与能力的集合，认为动态能力与组织惯例有着密切联系，动态能力是指组织能够在需要的时候产生或改变经营性惯例。例如佐罗和温特（Zollo & Winter, 1999）认为动态能力是一种集体性的活动模式，企业通过它可以系统地创造和修改经营性惯例，从而提高企业效率。区别于一般意义上的惯例本身，动态能力有着明显的意图，即经营性惯例被视为是对环境自动的或者准自动的反应，而动态能力是"塑造企业对非惯例问题处理方法的持续性部署和战略性探索"（Nelson & Winter，1982）[45]。又如，祖特（Zott，2003）从组织资源演化的视角来讨论动态能力的概念及对绩效的影响，将动态能力定义为：一种内嵌于组织流程中的能力，使得组织能在最短时间内重整组织资源以创造竞争优势。其中，资源的调整可以分为以下三个阶段：①变异：组织通过模仿或试验寻求资源调整方案；②选择：组织评估目前所有的资源调整方案，寻找一个能带来最大潜在利润的可行方案；③保持：组织决定是否执行新的资源调整方案或维持原有的资源调整方案。

除以上从组织内部出发的视角之外，另一种被称为"本地生产系统"的研究视角则关注考察企业动态能力的关系和环境影响因素（Leoncini，et al.，2003）。这一视角认为，企业不是单独存在的个体，而是或多或少通过关系和网络与在同一地域的其他企业、公共机构及组织相联系。实际上本地生产系统是从环境视角出发的动态能力研究。这一视角下的研究又可根据侧重问题、关注对象、企业假设等进一步细分为"创新的环境"，"产业区域"，"区域创新系统"及"新产业空间"等四个分支。莱翁奇尼等（Leoncini，et al.，2003）进一步提出，无论是企业视角还是环境视角的动态能力研究均在不同程度上存在片面性。基于复杂系统理论，他们将企业视为一种处于技术–经济关系的制度环境中的复杂自适应系统，尝试将两种研究视角进行整合。

学者们对动态能力的属性进行了充分的讨论，以下几方面受到很大的关注：

①动态能力是特定可识别的流程；

②动态能力是等效、可代替和互换的流程；

③动态能力具有共性；

④动态能力具有特殊性。

动态能力的最初定义是"学习惯例的惯例"，也就是说它是循环的、同义反复的和不可操作的。艾森哈特和马丁（Eisenhardt & Martin）对此

18

进行了反驳，并提出动态能力是由可辨识惯例组成的，可辨识惯例通常是大量实证研究的主题。例如，获得、联盟、产品研发和战略决策等流程是要求公司重构其资源的动态能力。他们还认为，动态能力是据其与资源控制的功能性关系进行定义，对它们价值的定义可以不依赖于公司的绩效。

研究表明动态能力显示了公司的共性并且这种共性是等效的，即以不同的路径得到的结果是一样。然而这种共性没有得到系统的辨识。不同的公司所发展的有效动态能力在某种程度上可能是普遍的、等效的并具有不同的出发点。

尽管动态能力在公司间是等效的，但会产生由于成本和利用动态能力的不同时机所造成的公司间的绩效差异。动态能力被视为是路径依赖的具有特殊性并难以模仿的流程。然而，艾森哈特和马丁（Eisenhardt & Martin）则认为他们是可代替和互换的。

虽然动态能力具有共性，但却是不均匀分布的。它们复杂的性质使得其难以被描述和模仿。由于动态能力的复杂性、路径依赖和歧义原因，使得它们能成为竞争优势的来源，动态能力不仅在高度动态市场中具有价值，而且在适度动态市场中同样具有价值。

变化环境/市场在动态能力发展中的作用已被广泛的讨论过。有效的战略会随着变化的实际情况而改变。伦尼克 - 霍尔和沃夫（Lengnick - Hall & Wolff）在不同市场情形下研究讨论了"核心逻辑"（能力逻辑、非正式逻辑、复杂逻辑）问题。他们对三种战略研究趋势（资源基础观、高速战略和混沌理论）进行了分析以此来证明核心逻辑在不同情况下的合适性。艾森哈特和马丁（Eisenhardt & Martin）的研究在市场动态和动态能力关系方面是具有开拓性的。他们能够辨识出适度动态（具有低波动率）到高度动态（具有高波动率）范围之间的市场。适度动态市场是那些具有稳定的产业结构、明确的边界、清楚的商业模式、可辨别的参与者和可预测变化的市场，而高度动态市场的特点是具有歧义的产业结构、模糊的市场边界、不稳定的商业模式，不确定和流动的参与者以及不可预测的变化。他们发现高度动态市场中的动态能力是由简单规则组成的，并且是通过精心的管理选择和反复实施来完成的经验惯例。在适度动态市场中，动态能力是内嵌于组织惯例中的依赖于复杂路径的流程。

沃尔伯达（Volberda）为了应对超级竞争而提出的组织形式的类型对文献研究作出了重大贡献，每一种组织形式都表示处理变化和保存的方法。他认为动态能力赋予了公司以组织弹性。这被认为是"弹性组合"，这种混合是一种能力的等级分类，代表更多或更少的能力种类的组合和更快或更慢的响应。沃尔伯达认为组织在竞争不激烈的情况下具有刚性结构，在适度竞争情况下具有计划结构，而在超级竞争下则具有弹性结构。人们通过辨别动态能力的机制、组成要素和关键流程对揭开动态能力的神秘面纱进行了多次尝试。蒂斯（Teece）等人认为学习、重构和协调/整合是动态能力的关键流程。祖特（Zott）将动态能力定义为演化学习的惯例，他认为公司通过以下三种机制能够获得动态能力：变化、选择和保留，这三者能够通过实验和模仿进行实践。帕夫洛和萨瓦（Pavlou & Sawy, 2006）提出了动态能力的五种核心流程：重构、感知、学习、协调、整合，并将重构视为由其他四种核心流程组成的潜在二阶结构[46]。王和艾哈迈德（Wang & Ahmed）认为适应能力、吸收能力和创新能力是动态能力的主要组成要素。当通过不同视角，如资源中心视角（分析单位是资源）、组织中心视角（分析单位是公司）和能力中心视角（分析单位是能力），来观察动态能力时会产生差异。这些概念在动态能力的概念中加入了不同的维度。

2.1.2　动态能力的测度

尽管动态能力的理论视角已经在许多研究问题中被广泛运用，然而目前定量的实证研究，尤其是对动态能力的测度仍然较为少见。在这些为数不多的定量研究中，一部分研究对动态能力采取了间接的度量办法。例如亚瑟和布森尼茨（Arthurs & Busenitz, 2005）用企业对抗产品、管理、法律责任和政府规制风险的能力来间接地测度动态能力[47]。格里菲斯和哈维（Griffith & Harvey, 2001）用对合作伙伴决策的影响力来测度企业的全球化动态能力。另一部分研究则将动态能力做了大大的简化。例如迪兹等（Deeds et al., 1999）简单地用新产品开发数量来度量动态能力[48]。上述测度方法仅能反映动态能力的某些侧面，难以体现动态能力的内涵。

普列托等（Prieto et al.，2008）在讨论新产品开发中的动态能力时，认为动态能力包含知识产生、知识集成和知识重构三个维度[49]。他们在李和崔（Lee & Choi，2003），莫尔曼等（Mohrman et al.，2003）等学者关于知识过程测度研究的基础上，提出了一个动态能力的测度量表，并通过问卷调查和因子分析进行了检验[50][51]。这一测度框架尽管针对新产品开发，但与大多数学者所持的从过程视角出发的动态能力概念界定基本相吻合，因而具有较强的普遍意义和启发价值。

多温和古德勒姆（Doving & Gooderham，2008）还把异质性人力资本、内部开发惯例以及与外部服务提供者缔结联盟的能力视为动态能力的构成要素；McKelvie & Davidsson（2009）把创意、破坏市场、开发新产品和新流程的能力也视为动态能力的构成要素；而德诺奇和克雷亚西奥内斯（Drnevich & Kriauciunas，2011）则从开发新产品或服务、实施新的业务流程、创建新的顾客关系和改变经商方式四个方面来测量动态能力[52]。巴雷托（Barreto，2010）认为动态能力构成维度不仅包括现有研究已经提出的资源整合和重构能力等行为维度，还应该包括机会和威胁感知能力等认知维度[53]。

周和李（Zhou & Li，2010）在研究战略导向如何影响动态能力时，虽然把动态能力作为一个多维构念，但主要聚焦于适应能力这个维度，并用针对中国情境开发的四个题项（分别涉及适应市场变化的能力、面对产业变革调整现有能力以维持竞争优势的能力、应对中国加入 WTO 所带来的挑战的能力、应对电子商务所带来的威胁的能力）来测量适应能力[54]。

在采用三维度或三维度以上测量方法的学者中，吴（Wu，2010）在考虑企业资源观和动态能力观对企业竞争优势影响效应的差异时，在秉承蒂斯等（Teece et al.，1977）以及艾森哈特和马丁（Eisenhardt & Martin，2000）理论观点的基础上，通过深度访谈把企业动态能力分为资源整合能力、学习能力和资源重构能力三个维度，不过只用单一题项来测量每个维度[55]。

在国内学者中，贺小刚等（2006）的研究具有代表性[56]。他们首先从理论出发，提出企业动态能力测度框架应包含如下 6 个维度：①客户价值导向；②技术及支持系统；③组织机构支持系统；④制度支持机制；

⑤更新的动力；⑥战略隔绝机制。随后通过访谈，他们将维度修改为如下
5个：①市场潜力；②组织柔性；③战略隔绝；④组织学习；⑤组织
变革。

最后，通过发放问卷和因子分析对上述测度框架进行了探索性检验。
然而这一测度框架也存在问题，主要在于对动态能力的概念缺乏严谨的界
定，因而提出的维度之间关系不清，系统性较弱。例如，建立保密制度、
限制人员流动等战略隔绝因素以及成本优势等市场因素与蒂斯等（Teece
et al.，1997）、艾森哈特和马丁（Eisenhardt & Martin，2000）等主流学者
对动态能力的经典定义相差较远，将其作为动态能力的测度题项缺乏令人
信服的理论依据，显得较为牵强，因而测度的效度值得商榷。

2.2　多元化理论

2.2.1　多元化的维度

多元化经营包含业务、空间（地域）与功能三项内容，因而要结合三
个维度进行分析（毛蕴诗，2004）[57]。本书研究的是业务多元化，不考虑
地区多元化（通常是国际多元化）和功能多元化。业务多元化研究常关
注多元化的三个维度：多元化的程度、类型和模式。产业经济学文献、公
司财务管理文献着重考察了多元化程度（Bergh，1995），而战略管理研究
则既关注多元化程度，也关注多元化战略的类型和模式（Robins &
Wiersema，1995）[58][59]。

（1）多元化程度。

学者们一直在关注多元化程度和业绩关系。在研究过程中，研究者主
要采用了两种不同的方法测量多元化程度。

早期的研究者依靠产品数量（Gort，1962），也就是企业目前经营的
业务数量来衡量多元化程度。后来，研究者认为这种对业务数简单加和的
测量方法不能反映企业在每种业务中的参与程度，开始考虑用业务数量和

各业务销售比重来综合衡量多元化程度，如赫尔芬达指数、嫡值指数和集中度指数等（Montgomery，1985）[60]。

（2）多元化类型。

学者们还关注多元化类型的对企业绩效的影响。在里格利（Wrigley，1970）开创性研究的基础上，鲁梅尔特（Rumelt，1974）提出了一种分辨多元化企业战略类型的方法[61]。为了对企业所采用的多元化战略类型进行分类，学者们，如里格利（1970）和鲁梅尔特（1974）着眼于多元化企业不同业务之间的关系。鲁梅尔特（1974）通过业务之间的共性和各自销售比重把多元化战略划分为 10 个类型。后来的研究者们主要依据基于 SIC 的连续测量方法从概念上区分了两种多元化战略：相关多元化和无关多元化（Markides & Williamson，1994；Silverman，1999）[62][63]。

以 SIC 为基础区分多元化战略类型存在着不少问题，因为它无法使研究者识别企业多元化战略的不同动机，如分散经营风险、获得市场力量、利用内部资本市场，以及利用资源的专用性、特殊性和因果模糊性（Kumar，2002）[64]。

（3）多元化模式。

多元化模式是指多元化业务的市场进入方式，包括自建和并购两种（Yip，1982）[65]。自建也叫做内部发展，是指企业从无到有地建立新业务。并购则是指企业兼并、收购市场中已经存在的企业或企业的某项业务。在资本生产发达的西方国家，多元化并购比较流行，因为它是一种比较快捷的市场进入方式；而在资本市场尚待健全的发展中国家，企业并购的市场机制较弱，并购的障碍较多，企业多采用自建的模式来开展多元化业务（Nachum，1999）[66]。

2.2.2　多元化的动机

对多元化战略的研究不可避免地要涉及多元化战略的动机。企业多元化战略动机的合理性，不仅是理解多元化战略的逻辑起点，也是经验研究的理论依据（李晓蓉，2003）[67]。现行的多元化理论，如范围经济、内部市场、代理论理等，无一不在解释企业为何多元化。施陶特（Staudt，

1954）最先对多元化战略进行了研究，他把企业开展多元化的原因归结为六类：维持企业生存、保持企业的稳定、资源的生产性利用、适应顾客的需求、成长和混合理由[68]。里德和勒夫曼（Reed & Luffman，1986）认为企业的战略反映了企业的需求，多元化战略能满足企业在降低风险、稳定收益和协同效应等方面的需求，这种需求也恰恰体现出了企业多元化战略的动机，里德和勒夫曼（1986）对企业需求与多元化利益关系的描述见图 2 - 1[69]。

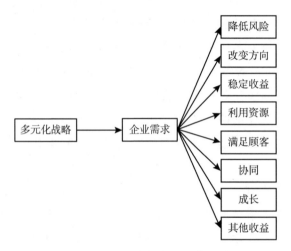

图 2 - 1   企业需求与多元化战略动机

以上多元化战略动机是针对大企业而言的，与大企业相比，中小企业的多元化又有何种独特的理由呢？学者们对美国中小企业的研究发现，中小企业多元化的原因也是多样的，很多动机与大企业相同，特殊的地方在于，由于中小企业多数是由所有者来管理的，企业多元化一定程度上体现了所有者个人的原因，如使配偶或其他亲属获利、为自己的工作和生活带来多样性等（Lynn & Reinsch，1990）[70]。企业家的个人特质，如冒险精神、洞察力以及高度事业心等也是中小企业多元化的重要原因（Rosa，1998）[71]。

在转型经济下的发展中国家，中小企业多元化经营现象比较普遍，究其原因，转型期发展中国家的企业大多缺少核心技术，市场机会较多，国家经济发展波动大，并且企业多为私有家族制企业，中小企业更喜欢通过多元化来降低风险，同时有利于家族财产的继承与分割。我国中小企业多元化还与成长环境有关。中小企业融资困难，资金来源的匮乏严重制约了企业的发展。实证研究表明，构建内部资本市场，扩大融资渠道是我国中小上市公司选择多元化经营的重要原因。

2.2.3　多元化对绩效的影响

一些学者怀疑企业战略是否对绩效有影响，认为绩效的差异主要源于产业和业务单元的作用，企业战略的影响很小或者根本不存在（Rumelt，1991）[72]。如果真是这样的话，那所谓的公司战略管理就无存在的意义，也就没有必要再去探讨作为公司层次战略的多元化了。然而，近来对企业绩效差异来源的研究采用了更合理的抽样方式和更有说服力的统计方法，发现多元化战略的作用不仅存在，并且对企业绩效很重要。

研究者大多用方差分解的方法来探讨产业因素、企业多元化战略和业务对绩效差异的影响（Bowman & Helfat，2001）[73]。罗克贝尔等（Roquebert et al.，1996）的实证研究发现企业多元化战略对业绩作用的存在，多元化战略解释了 18% 的企业绩效方差[74]。在类似的研究中，麦加恩和波特（McGahan & Porter，1997）发现产业、企业和业务因素对企业绩效的重要性在不同产业中有较大差别[75]。在批发、零售、交通、农业和采掘业中，企业层次的因素对业绩的影响最重要，而在制造、物业管理、娱乐和服务领域，三种因素都不重要（McGahan & Porter，1997）。

麦加恩和波特（1997）认为这种现象存在的原因在于制造业和服务业种类繁多，不同的业务之间的相关性很小，难以产生协同效应。为了进一步验证以上研究结果，麦加恩和波特（1999）使用同样的数据和更加合理的统计方法进行了再次分析[76]。他们发现当以 7 年的企业绩效为准时，企业和业务层次因素对业绩变化的影响相当稳定，但以 14 年的业绩为准时，企业和业务层次因素对业绩变化的影响在逐渐减弱，意味着多元化业务的协同效应会随着时间而变化（McGahan & Porter，1999）。

常与辛格（Chang & Singh，2000）的研究也发现了一些权变因素的作用：当业务分得越细、中型规模企业越多时，企业多元化战略对市场份额的影响就显得越重要[77]。哈瓦维尼等（Hawawini et al.，2003）的研究发现企业自身绩效水平的权变影响，对业绩最好的企业和业绩最差的企业而言，企业多元化战略对业绩的影响强于产业因素；对其他的中间企业而言，产业因素对业绩的影响强于企业多元化战略[78]。

近来研究者开始采用与方差组成不同的分析方法，使得我们可以从不同角度看待多元化战略对业绩的影响。在使用 Monte Carlo 模拟分析技术对平均效果的探讨中，布拉什和布罗姆利（Brush & Bromiley，1997）发现以往研究所使用的方差分解方法可能会低估多元化战略对业绩的影响，因为多元化战略和业绩之间的关系是非线形的[79]。例如，他们发现方差组成分析与 Monte Carlo 模拟分析的重要性因子的平方比较近似（Brush & Bromiley，1997）。而且，他们也发现了多元化战略不影响企业绩效的一些情形，例如企业采用波士顿矩阵、GE 矩阵来管理多元化业务，业务之间的潜在相关性很小时，多元化战略难以影响绩效（Brush & Bronuley，1997）。方差组成方法发现的公司战略作用低于实际的影响，因此即便是研究中发现了小的公司战略影响，也会意味着多元化战略能显著影响企业绩效（Brush & Bromiley，1997；Martin，2002）[80]。布拉什等（Brush et al.，1999）用标准同步方程模型检验布拉什和布罗姆利（1997）的观点，他们发现对多元化企业、特别是有 3~4 项业务的多元化企业绩效方差的解释中，公司战略和业务单元的解释力度等同于甚至高于产业因素[81]。

斯帕诺斯等（Spanos et al.，2004）使用 OLS 回归分析对希腊制造业1995~1996 年间的业绩状况进行了分析，发现了公司多元化战略对业绩的突出贡献[82]。产业因素和公司多元化战略都能显著影响企业绩效，多元化战略对业绩的影响比产业因素高 2 倍以上（Spanos，Zaralis & Lioukas，2004）。米桑伊等（Misangyi et al.，2006）使用分层线形模型（HLM），对 76 个产业内 1512 家企业 1984~1999 年间的业绩进行了分析，发现了与斯帕诺斯等（2004）不一致的结果[83]。产业和企业层次因素对业绩的贡献很重要，但业务单元对业绩的贡献最大（Misangyi et al.，2006）。肖特等（Short et al.，2007）也使用分层线形模型（HLM），对12 个产业内 1165 家企业 1990~1996 年间的业绩进行了分析，支持了斯帕诺斯等（2004）的结论[84]。企业多元化战略影响最强，战略集体影响次之，产业影响最弱，但三者对绩效的作用都很显著（Short et al.，2007）。

　　总的来说，虽然以往的研究结果在统计数据上有一定差别，但都证实了多元化战略对业绩的贡献。较早的一些研究没有发现这种贡献，原因可能在于选择了较原始的统计分析方法，也可能在于采用了不合适的抽样方法，例如，过多地选择了单业务企业，从而弱化了多元化战略的作用（Bowman & Helfat，2001）。但是，尽管这些研究确认了多元化战略的作用，对业绩变化的研究却是间接的。它们只是证明了多元化能对业绩产生影响，却不能说明多元化战略影响的性质、何时才有这些作用、业务相关性的作用以及企业实现协同效应的过程（Martin，2002），这些才是战略管理研究最为关心的问题。

　　有关多元化战略对绩效影响的实证研究简要总结如表 2 - 2 所示。

表 2 - 2　　　　　　　　　　多元化战略对绩效的影响

研究者	样本	期间	分析方法	业绩测量	主要结论
Rumelt (1991)	制造业，样本 A457 家企业；样本 B463 家企业	1974 ~ 1977 年	方差序列分析；方差组成模型	各业务 ROA	业务单元和产业作用解释了 73% 的业绩方差，不存在公司层次的作用
Roquebert et al. (1996)	10 组样本，每组各 94 ~ 114 家多元化企业	1985 ~ 1991 年	方差组成模型	各业务 ROA	存在公司层次的作用，解释了 18% 的业绩方差
McGahan & Porter (1997)	7003 家多元化企业，12296 项业务	1981 ~ 1994 年	方差序列分析；方差组成模型	各业务 ROA	不同产业间公司战略作用对业绩变化影响的差异显著
McGahan & Porter (1999)	7793 家企业 13660 项业务	1981 ~ 1994 年	OLS 回归分析	各业务 ROA	验证了以前的研究结果，公司和业务的作用会渐渐减小
Brush & Bromiley (1997)	无	无	Monte Carlo 模拟分析	方差组成的数量	如公司仅能影响某些业务单元，模型会低估公司层次的作用
Brush, Bromiley & Hendricloc (1999)	535 家 3 业务、173 家 4 业务企业	1986 ~ 1995 年	标准同步方程模型	各业务 ROA	公司作用是产业作用的 1.7 倍，业务单元作用仍很重要

研究者	样本	期间	分析方法	业绩测量	主要结论
Chang & Singh (2000)	709 家多元化制造企业	1981～1989 年	方差组成分析	市场份额	业务分得越细、中型规模企业越多，公司母合效果对业绩的影响就显得越重要
Palich et al. (2000)	多元化与业绩关系的 82 项研究	1971～1997 年	元分析	财务业绩和市场业绩	多元化程度和业绩之间存在"∩"形关系
Ruefli & Wiggins (2003)	535 家 3 业务、173 家 4 业务企业	1986～1995 年	非参数分析	各业务 ROA	多元化战略对业务绩效的影响比产业高 1 倍，产业作用不显著
Hawawini et al. (2003)	美国 562 家企业	1986～1995 年	方差组成分析	基于价值的业绩测量	对业绩最好的企业和业绩最差的企业而言，企业因素对业绩的影响强于产业因素；对其他企业而言，产业因素对业绩的影响强于企业因素
Spanos, Zaralis & Lioukas (2004)	希腊制造业，1921 项观测值	1995～1996 年	OLS 回归分析	企业利润，价格与成本之差	产业因素和公司战略都能显著影响企业绩效，公司战略对业绩的影响比产业因素高 2 倍以上
Misangyi et al. (2006)	COMPUSTAT 数据库 76 个产业内 1512 家企业	1984～1999 年	分层线形模型（HLM）分析	各业务 ROA	业务单元对业绩的贡献最大，产业和企业层次因素对业绩的共享也很重要
Short et al. (2007)	COMPUSTAT 数据库 12 个产业内 1165 家企业	1991～1995 年	分层线形模型（HLM）分析	各业务 ROA，Tobin's Q	企业因素影响最强、战略集体次之，产业影响最弱，但三者都能显著影响业绩

2.3　动态能力研究现状

2.3.1　动态能力的实证研究

动态能力是可以被创造出来的，因为高层管理者针对动态能力的过程提供了一种设想。纳拉亚南，科尔韦尔和道格拉斯（Narayanan，Colwell and Douglas）的案例研究表明，流程是由高层管理者发起的，他们影响着企业的中层管理者，尽管他们表示乐意重新分配资源创造动态能力。这些流程和机制包括以下方法，研发的创建、信息技术协助编纂、解决问题流程、知识共享流程、营销知识发展和吸收能力机制。

动态能力被认为是由基础子流程构成的复杂流程。研究者对动态能力进行了等级分类。科利斯（Collis）将动态能力分类为三个等级。大部分学者都采用相类似的、变化细微的分类（见表 2 - 3）。

表 2 - 3 动态能力等级

研究者	Collis	Winter	Andreeva and Chaika	Pavlou and Sawy	Wang and Ahmed
复杂性↑	创新能力	更高级能力	动态能力	二阶能力	动态能力
	与动态有关的能力	一级能力	核心能力	一阶能力	核心能力
	功能性能力	零级能力	功能性能力	基础子流程	能力

初级或一级的功能性能力对于公司的日常活动是非常重要的，这种能力有人称为零级、一阶或"现在如何谋生"的能力。在第二等级中，科利斯（Collis）认为能力与商业流程的动态改善有关。阿密特和休梅克（Amit and Schoemaker）将这种能力视为"重复流程或产品创新、生产弹性、对市场趋势的响应性以及短期发展周期"。第三级属于动态能力或科利斯所说的"创新"能力，他将其定义为与公司通过对不同资源价值的认识以比竞争对手更快的速度发展新战略相关的能力，这与其在第二级所定义的"与动态相关的能力"相类似。从上述讨论中可以推论，动态能力是由具有重要战略意义的核心能力构成的潜在二阶能力，这种核心能力是由功能性能力组成的。丹尼尔斯（Danneels，2008 & 2010）认为动态能力是构建新能力的能力，即二阶能力，如二阶营销能力、二阶研发能力。

对现有文献中关于动态能力的实证研究并不多见，表 2 - 4 对这些研究做了整理。

表 2 - 4　　　　　　　　　　关于动态能力的实证研究

研究者	方法	研究焦点	研究对象	期间
Tripsas (1997)	定性	基于动态能力的技术能力发展和突破性创新	Mergenthaler Linotype 打字机公司	19 世纪 70 年代 ~ 20 世纪 90 年代
Petroni (1998)	定性	在外部和内部知识整合影响下的新产品开发	Smith & Nephew 医疗公司	
Deeds et al. , (1999)	定量	基于动态能力视角的新产品开发影响因素	94 家生物制药企业	
Rindova & Kotha (2001)	定性	组织形态、功能和竞争优势如何动态地协同演化	雅虎公司和 Excite 公司	1994 ~ 1998 年
Verona & Ravasi (2003)	定性	动态能力中的知识创造、吸收、整合过程	一家丹麦助听器生产商	1988 ~ 1999 年
Roy & Roy (2004)	定性	基于动态能力视角的并购后整合	惠普和康柏公司	1986 ~ 2001 年
Mota & de Castro (2004)	定性	企业边界演化和动态能力的多路径特征	两家葡萄牙模具公司	
Newbert (2005)	定量	基于动态能力视角的新企业形成	817 名美国初生型创业者	
路风，张宏音和王铁民（2002）	定性	中国企业在开放市场环境中如何获取长期竞争优势	上海宝山钢铁股份有限公司	1992 ~ 2001 年
董俊武，黄江圳和陈震红（2004）	定性	企业在动态环境中如何建立和发展企业能力	湖北京山轻工机械股份有限公司	1988 ~ 2004 年
李正卫，潘文安（2005）	定性	市场识别能力、技术识别能力和资源调配能力对发展中国家企业动态能力构成发展的重要性	浙江经济宏观数据	20 世纪 70 年代末 ~ 2003 年
贺小刚，李新春和方海鹰（2006）	定量	中国企业动态能力的制约因素及动态能力对企业绩效的影响	问卷调查获得的 363 个样本，以制造业为主	2003 年

可以看出，这些实证研究大多采用单个或者多个案例的定性方法，从纵向的时间维度出发，聚焦于与动态能力相关的企业活动过程。例如医疗企业的内部和外部知识整合（Petroni，1998）等[85]。国内近些年也出现了一些关于动态能力的案例研究。例如，路风等（2002）引用动态能力

战略观的分析框架对宝钢汽车钢板项目的成功因素进行了分析，在此基础上提出了宝钢核心能力的假说，并概括了中国企业面对开放市场竞争所应汲取的教训。总体而言，迄今为止定量化的研究仍然较为少见。

2.3.2 动态能力理论的创新

相对于竞争力理论、战略冲突理论（也称为战略博弈理论）和资源基础理论等以往的战略理论范式，动态能力在前提假设、分析单元、租金产生机制等方面体现出其独特之处（见表 2 - 5）。

表 2 - 5　　　　　　　动态能力与相关战略理论范式比较

分类	竞争优势	战略冲突	资源基础观	动态能力观
理论渊源	Mason，Bain	Nash，Harsanyi，Shapiro	Penrose，Selznick，Christensen	Nelson，Winter，Teece
研究者	Porter（1980）	Ghemawat（1986）Shapiro（1989）	Rumelt（1984）Wernerfelt（1984）	Teece & Winter（1989）Prahalad & Hamel（1990）Hayes & Wheelwright（1984）
租金本质	垄断租金	垄断租金	李嘉图租金	熊彼特租金
产业结构假设	外生，静态	内生	内生，静态	内生，动态
管理者假设	理性	超理性	理性	有限理性
分析单元	产业，企业群体，企业	企业	资源	过程，位势，路径
核心问题	分析产业结构与竞争力量，选取与自身相匹配的战略定位	关注战略互动，发布信号影响对手行为	选取和利用具有VRIN特性的资源	构建、整合、重构资源和能力以应对环境变化

1. 前提假设

基于新古典经济学的竞争力理论将企业视为投入资源和产出产品的同质化的"黑箱"，并不研究其内部运行机制。企业间的差异主要与规模有关。对于产业环境，竞争力理论认为产业边界和结构是相对固定并且外生的。

基于博弈论视角的战略冲突理论一般关注寡头或垄断竞争的市场，分析企业如何影响竞争对手的行为活动并最终影响市场环境，因而认为环境是内生的。该理论假设管理者是超理性的，管理者进行博弈的智力水平决定了企业的绩效。

资源基础理论认为企业因资源或能力不同而是异质的，并假设资源在企业间的流动是黏滞的。同时该理论认为环境是静态的，企业可以影响和塑造环境，因而产业结构是内生的。

动态能力理论的主要理论渊源是企业的演化理论（Nelson & winter，1982）。该理论认为管理者是在不确定环境下进行决策并且是有限理性的。他们追寻"满意"的而不是最优普适方案。环境是高速变化和难以预测的，企业面临不断改变惯例的挑战。同时企业可以影响和塑造环境。

2. 分析单元

竞争力理论从产业结构、进入障碍和定位的视角分析战略问题。竞争优势的来源存在于产业层面，或者是产业中的特定群体。竞争战略的目的是为了改变与竞争对手或供应商的相对地位。因而竞争力理论的分析单元主要在产业层面。战略冲突理论将战略问题视为竞争对手之间基于相互预测行动的关系，分析单元主要在企业层面。资源基础理论聚焦在企业内部，企业特定的资产是主要分析单元。

动态能力理论比资源基础理论更进一步，将分析单元细化到企业内部流程层面上，关注整合资源的组织惯例。形成和保持动态能力的组织过程、资产位势以及资源和能力的演化路径是其分析的核心要素。

3. 租金产生机制

在竞争力理论和战略冲突理论中企业的获利均主要来自垄断租金，即以增加竞争对手的成本和排他性行为为主要手段（Teece，1984）[86]。这些理论对于新价值来源的发现、创造和商业化很少关注，而且根据熊彼特的观点，垄断很容易被创新所打破因而垄断租金是短暂的。

资源基础理论和动态能力理论均认为竞争优势源自企业内部。但对于租金产生机制两者又有着显著的区别。在资源基础理论中，李嘉图租金是企业获利的主要来源，而资源选取是企业获得李嘉图租金的主要机制。根据李嘉图的观点，企业绩效的异质性源自其掌握资源的生产率的差异。

因而由此产生的核心问题是：企业如何占有这些异质性生产率的稀缺资源。对此，巴尼（Barney，1986）认为，只有一种系统的办法：即企业必须拥有比对手更强的资源选取能力，也就是说要比资源市场上的其他参与者更好地识别未来有价值的资源。这意味着企业租金产生机制事实上存在于真正占有资源之前。企业通过资源选取能力就成为了区分资源的好坏，随后在好的资源上投资并避开坏的资源。

这种李嘉图式的租金产生机制在其后受到了熊彼特创新理论的冲击。动态能力理论提出了一种与资源选取机制截然不同的租金产生机制—资源创造和能力构建机制。秉承熊彼特的创造性毁灭的思想，该理论认为企业只有通过创造性地整合、构建和重构资源或能力，获取基于创新的经济租金即熊彼特租金，才能在快变的环境中获得竞争优势。不同于基于资源选取的租金产生机制，在动态能力理论中企业的能力仅在资源被获取之后才能创造经济收益，反之若不能获取相应资源则无法产生任何收益。可见资源选取机制强调战略决策环节，更多地关注认知和信息因素，而资源创造和能力构建机制则关注战略实施环节，聚焦于关于资源和能力塑造的结构因素。

冯军政、魏江（2011）指出，目前国外动态能力研究大多仍然停留在动态能力概念界定、维度划分和微观基础分析等基本理论问题研究的层面，实证研究特别是大样本的实证研究非常缺乏[87]。国内就连有关动态能力概念界定和维度划分等基本理论问题的研究也为数甚少。近几年，虽然国内相关的实证研究数量增长很快，但往往采用不同的动态能力维度划分和测量方法，导致研究结论不一甚至相互矛盾，从而严重影响了研究结论的一般适用性。因此，今后应结合我国制度转型的发展背景，除了在动态能力的概念界定、维度划分和测量等基本理论问题上进行研究外，还应开展本土化的实证研究。

2.4 多元化研究现状

多元化动因之所以有不同的理论，主要是因为对市场、企业完备性和管理者理性假设的放松程度有所不同。实际上，在市场有效和企业治理机制健全的情况下，投资者可以通过分散自己的投资组合以更低成本达到多元化目的（Brealey & Myers，2000），而且管理者会按照股东的利益进行决策（Jensen & Meckling，1976），此时，企业是不会选择多元化的[88]。"如果企业从事多元化经营，则说明市场或企业存在不完备"（Hoskisson & Hitt，1990），因此，解释多元化动因的理论都建立在一定程度的不完备假设基础上[89]。

按照理论对完备性假设的递进关系，可以将解释企业多元化经营的理论分为两类：第一类，假设市场至少存在某种不完备，如存在垄断、交易成本、信息不对称等。市场的不完备为企业多元化经营提供了内外部动力：外部动力是指企业可以通过多元化经营提高其市场力量、降低交易成本以及缓解信息不对称等，属于这一类型的理论包括：范围经济、市场力量、内部市场；内部动力是指企业可以通过多元化实现资源共享、降低破产风险以及提高负债空间等。属于这一类型的理论包括：分散风险、交易成本、资源利用。第二类，在假设市场不完备的基础上，假设企业的治理机制也存在不完备。这类主要指代理理论。在代理理论的假设下，企业进行多元化的动因是管理者自身的私利而不是股东的利益。

理论假设的不同导致多元化动因的不同，那么不同类别的动因下多元化经营对公司绩效的影响也是不一样的。第一类假设中，由于企业通过多元化可以克服一定的市场不完备性，从而实现协同效应，因此可以在不同程度上改善绩效。在第二类假设中，公司治理机制是不完备的，管理者可以通过多元化谋取私利，因此多元化损害公司绩效。

表2-6和表2-7归纳了驱动因素、多元化与绩效的对应关系。

表 2-6　　　　　　　　　　　多元化动因理论之间的逻辑关系

假设	驱动因素	多元化	效应
市场不完备	外部动力： 范围经济 市场力量 内部市场	程度 类型 模式	提高绩效
	内部动力： 分散风险 交易成本 资源使用		不以绩效为直接目的 （改善绩效）
市场不完备公司治理机制不完备	代理理论		损害绩效

表 2-7　　　　　　　　　　　多元化与业绩关系驱动理论分类

分类	理论派别	主要研究者	多元化战略的理由及优势	多元化与绩效的关系
提高绩效	市场力量	Edwards（1955） Montgomery（1985）	多元化企业可以通过掠夺性定价、互相购买和多点竞争机制来发挥市场力量的作用，降低竞争程度，改善企业的盈利水平	正向相关
	范围经济	Rumelt（1974，1982） Teece（1980，1982）	多元化业务的共享活动可以产生协同效应，降低成本和提高收益	正向相关
	内部市场	Williamson（1975）	多元化企业可以形成内部市场，企业在业务之间转移资源；内部市场具有信息优势和监督优势，实现资本的优化配置，提高企业的业绩	U 型
不以绩效为直接目的	资源利用	Penrose（1959） Wernerfelt（1984）	多元化战略是为了充分利用企业的剩余资源，包括有形资源、无形资源和财务资源	无关
	分散风险	Manse（1965） Lewellen（1971）	如果业务的现金流不完全相关，一项业务的季节性波动可以得到其他业务的平衡，企业的现金流保持平稳，降低企业的非系统风险	企业绩效保持稳定
	交易成本	Williamson（1985）	多元化可减少交易成本：出租特殊物质资本的机会成本；买卖双方关于人力资本、技术诀窍的信息不对称；利润和成本的分配、绩效测量等内部冲突	∩ 型
可能降低绩效	代理理论	Amihud & Lev（1981）	企业所有权和经营权分离造成股东和管理者之间利益的冲突，管理者从多元化中获得个人利益	负向相关

2.4.1　多元化提高企业绩效

1. 范围经济

多元化战略要想经济可行，企业所经营的各项业务之间必须有范围经济潜力（Barney，2002）[90]。

在经济和战略管理文献中，学者们从三个角度理解范围经济，第一，从降低成本角度，认为范围经济能够降低成本；第二，从增加收入和价值角度，业务间的范围经济使得收益增加或价值提高。例如古尔德和坎贝尔（Goold & Campbell，1987）认为范围经济是指两个或多个部门或公司的联合经营创造出比各部分独立经营价值之和还高的价值；戴维斯和托马斯（Davis & Thomas，1993）认为范围经济是业务单元的组合价值超过了每个单元的价值之和[91][92]。艾森哈特和马丁（Eisenhardt & Martin，2001）认为范围经济是业务共同创造的价值与单个创造价值之和的比值。巴尼（Barney，2002）认为当多项业务合作的价值大于各自独立经营时的价值之和时，就存在范围经济。可以用公式表达为：$NPV \sum B_i > NPV(B_1) + NPV(B_2) + \cdots + NPV(B_n)$，其中，$NPV(B_i) =$ 业务 i 的现值。第三，综合角度，安索福（Ansoff，1965）认为范围经济是在一定的投资总额下，一个产品系列齐全的公司可以比那些只生产系列产品中个别产品的公司，在单一产品上实现较高的销售收入或较低的运营成本。

一般来讲，范围经济来源于多元化业务组合的成本节约或收益提高，范围经济的成本或收益优势又源自不同业务投入要素的共享和统一的管理，共享和统一管理可以在安排进度、组织生产和销售以及处理财务会计方面比各自单独管理更为有效。

叶卡捷琳娜和贾扬特（Ekaterina and Jayant，2006）在研究中，使用来自美国统计局的工厂级数据，检测是否将多个业务种类合并为一个会导致生产效率的提高。研究关于多元化效率的直接影响试图分清公司多元化理论之间的区别：协同效应假说和代理成本假说。他们使用一种非参数的方法衡量生产效率——一种基于弱性利润极大化公设 Weak Axiom of Profit

Maximization（WAPM）的测试。比起其他传统的衡量生产效率的方法更有优势。重要的是，它可以在不依靠假设潜在产品功能形式的情况下执行效率实验。他们将 WAPM 测试第一次应用于非金融公司的案例。他们的研究证明在同一行业中，多元化公司的业务部门与专业化公司相比效率更高。这一结果显示现存的所谓"多元化折价"不能通过多元化和专业化公司间效率的差异来解释。而且，多元化公司更多地通过兼并成长而不是内部增长。这一研究的结果表明公司多元化是增值的，并且它未必是由管理者为追求他们的私有利益而驱动的。

如果没有范围经济的存在，多元化业务和共同基金没有什么区别，也就没有经济上的理由同时经营多种业务（Barney，2002；Porter，1987）。

2. 市场力量

多元化企业可以通过掠夺性定价、互相购买和多点竞争三种机制来发挥市场力量的作用，改善企业的盈利水平（Grant，1998）[93]。

（1）掠夺性定价。

多元化企业可以凭借业务多样化的优势，在特定市场上控制专业化企业，甚至可以将专业化企业逐出市场。这其中，掠夺性定价就是最主要的武器。所谓的掠夺性定价，就是指企业将产品价格定在成本以下，并维持足够长的时间，直至竞争对手退出市场（Grant，1998；Saloner，1987）[94]。该业务的经济损失可以由其他业务的盈利来弥补，即所谓的交叉补贴。

多元化战略可以使企业在几种不同的业务上获得垄断力量，这叫做多元化战略的无穷效应模型（Barney，2002；Tirole，1988）[95]。

有资金优势的多元化企业可以通过掠夺性定价来消耗竞争者，直至把它们赶出市场。例如 Microsoft 使用掠夺性定价手段削弱了 Netscape，使其无法在浏览器市场与自己抗衡。因此多元化企业可以通过树立习惯于使用掠夺性定价竞争策略的名声，阻止潜在竞争者的市场进入行为（Saloner，1987）。

（2）相互购买。

多元化企业可以通过与同样开展多元化经营客户之间的互相购买协议，扩大不同的业务市场份额。这意味着一个企业对那些成为自己某一业务忠实客户的多元化企业，尽量在采购时给予优惠（Grant，1998）。这样就使非多元化企业处于不利的地位。因此，多元化进入互补的市场会获得更多的互相购买和销售的机会，更利于企业获得经济价值（Palich，Cardinal & Milier，2000）。

这种互惠关系可以稳定双方的市场份额，最终获得稳定的收入和利润。多元化企业可以并购一项相关业务，并安排己有客户，成为这项新业务的客户。例如，1957 年通用动力并购了液碳公司，其目的是让自己的分包商在工业气体采购上从此转向液碳公司（Grant，1998）。此外，多元化企业的不同业务之间也可以互相购买和销售，减少其他企业的市场空间。

虽然掠夺性定价和相互购买在理论上具有相当的说服力，但很少有实证研究表明这两种行为能给多元化企业带来竞争优势（Barney，2002）。实际上，对于美国 20 世纪 80 年代管制效用的研究表明，不是用被管制行业的垄断利润对非管制行业进行不正当的补贴，而是被管制行业的管理技能如此低下，以至于损害了多元化战略的盈利前景（Barney，2002；Russo，1992）[96]。而常和洪（Chang & Hong，2000）对韩国多元化企业集团的实证研究则支持了交叉资助和相互购买理论，集团内企业间的交叉资助和相互购买能显著提高企业绩效[97]。

（3）多点竞争。

两家多元化企业可能在多个市场上同时存在竞争，如一家企业在某一市场上采取进攻手段，另一家企业可能在别的市场上采取报复行动，所以，企业在竞争时会统筹考虑。大家可能会采取共存的策略，稳定双方的竞争格局，从而双方之间的竞争会弱化（Grant，1998），节制竞争就是一种相互忍耐的过程（Barney，2002；Karnani & Wernerfelt，1985）[98]。

爱德华兹（Edwards，1955）首次提出了多点竞争可以产生相互容忍的观点："在许多市场上，大企业的利益是冲突的，而且它们都有能力在任何一个市场上集结大量资源对竞争者展开进攻[99]。一个企业在某个市场上进攻的胜利很快会招来竞争者在其他市场上的反扑。因此它们会相互容忍，培养一种合作精神，互相承认彼此的市场利益。"尽管爱德华兹（1955）认为多点竞争可以阻止竞争，西梅尔（Simmel，1950）认为多点竞争促进了企业间针锋相对的利益交换[100]。这种相互妥协行为被称为有联系的垄断，竞争企业认识到了彼此命运的相互依赖性，达成了互不侵犯势力范围的协定，不论是以书面契约还是以心理默契的形式（Hughes & Oughton，1993；Martinez，1990；simmel，1950）[101][102]。竞争双方重要市场的重叠有利于实现共谋的可能，多点竞争可以发展到竞争双方互相抵押财物的程度（Karnani & Wernerfelt，1985）。

在采用规范的计量模型对多点竞争的分析中，伯恩海姆和惠斯顿（Bernheim & Whinston，1990）探讨了在重复竞争环境中多点竞争对企业合作期限的影响[103]。他们发现在不同的市场和企业中，企业有机会利用不同类型的合作行为，这些合作可以提高竞争企业的整体业绩。当整个市场内企业的生产成本有差异，或者存在规模经济时，多点竞争可以帮助企业发展其势力范围，从而使企业保持高的业绩水平（Bernheim & Whinston，1990）。例如，如果企业 A 在企业 B 的主要市场中的市场份额很小，企业 A 就可以通过降价的方式以很小的风险来威胁企业 B。但是，当企业 B 在企业 A 的主要市场中也同样具有较小的市场份额，这两个企业都能反击对手的价格进攻。既然两个企业都有能力以相对较小的风险来破坏竞争对手在特定市场内的利润，最合理的办法就是传递这种能力的信号，达成相互容忍的局面。

可能是因为航空公司之间的航线重叠程度较高，多点竞争现象普遍，且航空业历年数据容易获得，所以很多实证研究均以航空业为样本。伊瓦斯和卡西德斯（Evans & Kessides，1994）在对美国航空业的实证研究中验证了伯恩海姆和惠斯顿（Bernheim & Whinston，1990）的计量经济模型[104]。他们发现的重叠航线较多的航空公司的票价较高，各航空公司不敢轻易降价，害怕竞争者在其他航线上进行反击（Evans & Kessides，1994）。史密斯和威尔逊（Smith & Wilson，1995）、西格满（Singal，1996）和希梅诺和伍（Gimeno & Woo，1999）对美国航空 20 世纪 50 年代的实证研究均表明[105][106]，多点竞争可以提高航空公司间的相互容忍程度，使双方保持高的票价对其他产业多点竞争的研究也得出了类似的结论。费因伯格（Feinberg，1985）和休斯和奥顿（Hughes & Oughton，1993）在对美国和英国制造企业的实证研究中发现，多点竞争程度的提高能积极影响产业利润，支持了伯恩海姆和惠斯顿（1990）合作行为的观点。李和格林伍德（Li & Greenwood，2004）对加拿大普通保险业的研究中发现，在竞争双方相互比较熟悉和了解时，多点竞争能为企业带来良好业绩[107]。

研究者考察了相互容忍发生的环境，以及在什么样的环境下多点竞争不会导致相互容忍（Smith & Wilson，1995）。一般而言，只有当报复的威胁太大时，企业才会相互容忍。然而，相互忍耐的利益必须足够大，而且多元化业务之间还必须有足够强的战略意义上的相关性（Barney，2002）。巴尼（Barney，2002）建议在多点竞争基础上寻求相互忍耐的企业应该同时开展相关多元化战略。还有一些研究探讨了对多元化企业来说重要的资源差异，因为没有资源差异，企业难以达成竞争平衡状态，难以获得独特的势力范围。多点竞争能促进企业的资源共享（Gimeno & Woo，1999），资源约束限制了企业对相互容忍战略的选择余地（Smith & Wilson，1995）。因此，资源和资源配置能力是实现相互容忍战略的必备要素。

对多点竞争文献的回顾可以得出三个结论：第一，当竞争者采用相互容忍战略时，多点竞争可以降低竞争程度，提高双方企业的绩效；第二，在业务之间配置相关资源的能力是执行相互容忍战略的必要因素，这意味着能使企业能力发挥作用的组织流程在多点竞争的环境中能为企业创造额外的价值，为了使资源配置更加有效，企业应开展相关多元化战略；第三，这些研究只探讨了多点竞争的结果，没有涉及在多点竞争环境中有效执行战略所需的实际协调过程，因此，只是启发性研究（Martin，2002）。

3. 内部市场

多元化企业不同业务之间可以就资金、产品和人员等进行交换，不必完全依赖外部市场机制，从这种意义而言，多元化企业是一个内部市场（Grant，1998）[108]。

企业的一个主要的长期目标是在市场中求得生存，而当企业的现金流变化剧烈时，企业倒闭的风险就会增加。多元化企业可以通过经营资金流不完全相关的业务，在一定程度上消除财务的不稳定（Lubatkin & Chatterjee，1994）[109]。对一个主营业务位于衰退产业中的多元化企业而言，把企业的资源从夕阳产业中转移出来是保证企业长期生存的主要办法之一

（Anand & Singh，1997）[110]。而且，多元化企业可以比较各项业务的绩效，利于把资源分配给最有利可图的业务。事实上，如果多元化企业不能把资源用于战略目标的实现，就不可能建立核心竞争力（Hamel & Prahalad，1994）[111]。总的来讲，这种现象突出了交叉资助的潜在优势：多元化企业在内部市场上配置资源有益于执行企业的战略目标，在财务上互相保护，把资源投向预定的方向（Li & Greenwood，2004）。

多元化业务的交叉资助有很多方式。首先，人力资本，特别是具有企业特殊知识或技能的员工，可以在不同业务间移动。多元化企业内跨业务的合作有助于传播知识和管理技能，利于构建企业的核心竞争力（Carpenter，sanders & Gregersen，2001）[112]。人员在各业务间的流动不必完全依赖于招聘和解雇程序，且公司对内部的员工比较了解，内部调动费用低、风险小，可以降低员工的招聘、社会化、培训和解雇成本（Grant，1998）。当管理者受雇于多元化企业时，他们不大可能失去工作，更可能做出利于企业价值的决策（Khanna & Tice，2000）[113]。其次，多元化企业内的各业务可以互相担保，使各企业获得银行贷款、提高企业信用等级。第三，品牌名称和公司声誉具有溢出效应，使企业的各业务都能受益。多元化企业为各业务提供了保护伞，帮助它们克服不合理的折扣（Zuckerman，1999），降低其与外部股东打交道的成本（Montgomery & Wernerfelt，1992）[114][115]。当多元化企业集团作为企业的一种组织模式在整个社会得到认可后，多元化企业更容易接近外部财务资源。第四，交叉资助也可以通过不同业务之间买卖半成品的形式进行。不同业务单元对生产流程的横向和纵向依赖需要细致的协调。多元化企业内的信息流比近距离市场结构更容易使业务活动保持同步。多元化企业不同业务间的交易可以帮助弱势业务暂时克服困难（Lincoln，Gerlach & LAhmadjian，1996）[116]。

除了上述优势以外，多元化企业内部市场还有资本市场的功能。对内部资本市场的研究源于交易成本理论。该理论认为，内部资本市场之所以会取代外部资本市场，是因为内部资本市场具有信息和激励，以及更有效地配置内部资源的优势。按照新制度经济学的理论，单业务企业没有内部资本市场，必须通过外部资本市场来进行投融资。由于信息不对称等问题的存在，企业在外部资本市场上进行投融资必须承担较高的交易成本，并面临较大的投资风险。而多元化企业通过内部资本市场来进行投融资，既能节省信息搜索成本，又在一定程度上规避了投资风险。

内部资本市场的第一个优势在于其能获得全面的、准确的信息。威廉姆森（Williamson，1975）认为外部资本市场由于在获取企业内部信息时存在障碍或成本过高，不可能根据市场状况对企业经营进行连续的微调，而内部资本市场在信息的真实性、及时性、准确性等方面均占有优势，对市场环境的适应性也相应加强[117]。威廉姆森（1975）也认为，公司在外部资本市场上投融资会遇到信息不对称问题。当信息不对称问题达到一定的严重程度时，公司就必须通过并购来解决问题，否则将支付高昂的置换成本（韩中雪和朱荣林，2005）[118]。

内部资本市场的另一个优势在于其监督作用。威廉姆森（1975）认为，单业务企业的高层管理者比投资者更了解企业的业务状况，管理者和投资者之间存在信息不对称。专业化企业的管理者可以通过投资者难以发现的利己行为从这种信息不对称中获得利益。威廉姆森（1975）指出，在多元化企业中，公司管理者能更好地监督各个业务的绩效，能发现和阻止业务单元管理者的机会主义行为。因此，多元化企业的机会主义成本比单业务企业要低。除了监督作用以外，高层管理者可以为多元化企业不同业务分配资本。这种分配过程与业务相关性无关，不涉及资源共享问题，因此很容易确定各个业务的收益（Gupta & Govindarajan，1986）[119]。

希尔（Hill，1983）发现在经济增长时期，英国实行内部资本市场管理方式的大型无关多元化企业比相关多元化企业更为成功，因为各种业务很容易在股票市场上获得牛市机会[120]。另外，霍斯克森（Hoskssion，1987）和希尔等（Hill et al.，1992）都发现，采用了与内部资本市场匹配的 M 型组织结构的无关多元化企业比没有采用这种结构的无关多元化企业具有更好的业绩。但目前还不能仅就这两项研究就轻易得出结论[121]。

如何在不同业务之间配置资本是多元化企业的一个基本问题。一个完整的资本配置过程可以被抽象地描述为以下两个环节：第一个环节，企业通过承诺提供高额的回报从信贷市场和证券市场把资本吸收过来；第二个环节，多元化企业把资本配置给不同的业务。多元化企业内部的各项业务都在竞争企业的资本，从这种意义上讲，多元化战略创造了一个内部资本市场（Barney，2002）。多元化企业要想有效率地配置资本，必须要在这两个环节中都是有效率的。对第一个环节的研究，即涉及资本在不同企业之间的配置效率问题，目前处在一个相对成熟的阶段；而对第二个环节的研究，即涉及企业内部资本配置效率问题，还处在起步阶段（卢建新，2006）[122]。

辛恩和斯图斯（Shin & Stulz，1998）以及其他研究者认为在分部式组织结构中，分部经理会尽量影响资源分配过程，使其更利于自己所在部门，产生了影响成本，资本不一定投入到最有利可图的项目中[123]。这些研究者坚持认为内部市场的政治成本和效率成本可能会超过管理者对业务充分了解所带来的收益。管理者具有向外界虚夸公司业绩和前景的动机，他们同样也会在企业内部虚夸业务的绩效和前景。造成多元化企业资源配置低效率。

内部市场理论受到两方面的挑战：第一个是针对威廉姆森（Williamson，1975）的观点，为什么多元化企业的管理者愿意维护股东利益，机会主义行为较少，而单业务企业的管理者就不呢？根据代理理论，金融学研究者质疑了威廉姆森（1975）的多元化企业信息不对称的观点，认为内部资本市场与米尔格罗姆和罗伯特（Milgrom & Roberts，1995）所说的影响成本相伴而生[124]。斯坦（Stein，1997）、辛恩和斯图斯（Shin & Stulz，1998）、沙尔夫斯泰因和斯坦（Scharfstein & Stein，2000）以及其他研究者认为内部市场的政治成本和效率成本可能会超过管理者对业务充分了解所带来的收益。实际上，有一些为争取内部资本而伪造业绩记录的行为已经被揭露出来，在多元化企业内部，为了修正被虚夸了的业绩和前景，管理人员的资本配置请求通常会被削减（Barnery，2002；Perry & Barnery，1981）[125]。公司负责资本配置的管理人员也具有对业绩和前景欠佳的业务继续投资的动机，他们希望这些业务有一天会有所改善，以证明他们最初的决策是正确的（Barnery，2002）。组织心理学把这种过程称为承诺的逐步升级（Straw，1981）[126]。

内部资本市场理论的第二个挑战是，企业所追求的多元化战略水平和类型能够影响到内部资本配置的过程和效率。一个实施无关多元化战略的企业，管理者必须评价出不同业务的业绩和前景，同相关多元化企业相比，管理者在资本配置方面的压力就更大了（Barnery，2002）。尽管在 20 世纪 70 ～ 80 年代组合规划技术很流行，波士顿矩阵、GE 矩阵的广为采用，突出了企业为不同业务分配资本的作用（Haspeslagh，1982），但在战略管理领域却极少有研究对此进行实证研究[127]。

财务和金融学研究文献中存在多元化折价一说，即与非多元化企业相比，多元化企业有较低的市场价值。对多元化折价很有说服力的一种解释是多元化企业内部资本配置的低效率。斯图斯（Stulz，1990）支持这种看法，他们认为，现金流富裕的多元化企业会对前景差的业务过度投资，从而耗尽了企业的现金，降低了企业价值[128]。拉詹等（Rajan et al.，2000）、沙尔夫斯泰因和斯坦（Scharfstein & Stein，2000）的实证研究表明多元化业务单元经理们的寻租和揽权行为会导致低效的资本配置[129]。但是，也有不少研究表明，如果企业面临外部市场融资限制，内部资本市场可以提高企业价值。韦斯顿（Weston，1970）、威廉姆森（Williamson，1975）和斯坦（Stein，1997）认为如果把资金分配给发展前景好但又自身缺乏资金的业务，多元化企业的内部资本配置可以提高企业价值。实证研究就多元化企业内部资本市场是否低效率以及内部资本配置是否影响企业价值展开了激烈争论。拉蒙特（Lamont，1997）、沙尔夫斯泰因（Scharfstein，1998）、辛恩和斯图斯（Shin & Stulz，1998）和拉詹等（2000）发现了多元化业务交叉资助的证据，证明了内部资本配置是低效率的[130]。拉詹等（2000）的研究表明低效率的资本配置会降低企业的价值。伯杰和奥费克（Berger & Ofek，1995）发现如果企业对托宾 Q 值较低的行业投资过多，多元化折价会上升。但是威拉隆加（Villalonga，2000）和怀特（Whited，2001）的实证研究表明以上的经验证据是误导，因为学者们对多元化业务投资前景的估计存在偏差[131]。威拉隆加（2000）认为如果纠正了这些偏差，或者以业务单元而非 Compustat 数据公司的业务分类法来划分企业的业务活动，多元化折价可以转化成多元化溢价。另外，坎帕拉和凯迪亚（Campa & Kedia，2002）和海兰和迪尔茨（Hyland & Diltz，2002）认为这种选择偏差可以解释多元化折价以及交叉资助的低效率[132][133]。

以上研究是针对发达国家的多元化企业，对于发展中国家，情形又是如何呢？常和洪（Chang & Hong，2000）认为发展中国家的多元化企业更能获得内部资本市场优势，他们对韩国多元化企业集团的实证研究表明，集团内企业对财务资源的共享能显著提高业绩。周业安和韩梅（2003）认为中国上市公司中存在内部资本市场，且它在一定程度上发挥着积极作用[134]。他们以华联超市借壳上市为例分析了中国上市公司内部资本市场的存在性，指出华联集团通过内部资本市场将两个投资机会分别配置给两家上市公司，并达到了股票市场监管法规所提出的再融资条件，从而得到了融资渠道（周业安和韩梅，2003）。周业安和韩梅（2003）进一步认为，在新兴市场上，企业决策者会主动构造出内部资本市场，并利用内部资本市场与外部资本市场的互补性或替代性来创造价值。曾亚敏和张俊生（2005）与周业安和韩梅（2003）的观点相反，他们对中国上市公司的收购动因进行了实证检验，指出 1998～2000 年间中国进行股权收购的动因在于滥用自由现金流而不是构建内部资本市场，即中国上市公司不存在内部资本市场[135]。但他们同时也认为，在中国企业融资渠道尚不发达、企业与外部资本市场之间信息不对称仍比较严重的情况下，收购后建立内部资本市场对缓解企业潜在的与现实的融资约束都有意义（曾亚敏和张俊生，2005）。

内部市场理论更符合大型多元化企业，对于中小型多元化企业而言，内部市场的优势和劣势还尚未引起研究者足够的重视。周杰，张子峰和张敬冰（2007）的实证研究表明，构建内部资本市场，扩大融资渠道是我国中小上市公司选择多元化经营的出发点[136]。

2.4.2　多元化不以企业绩效为目标

1. 资源利用

由于资源的稀缺性和流动性不同，在价值创造中的作用也不同（Barney，1986）[137]。例如，延森（Jensen，1986）认为自由现金流可以用于多元化战略，因为财务资源流动性较强，能用于各种业务，创造的价值可能比其他资源少。尽管波特（Porter，1985）把财务资源当作是有形资源，查特吉和沃纳菲尔特（Chatterjee & Wernerfelt，1991）却认为它们可以比其他资源更容易用于多元化战略[138][139]。

蒙哥马利和哈里哈兰（Montgomery & Hariharan，1991）认为，有广泛资源基础的企业大多追求多元化，在此过程中，企业进入那些资源需求与自己已有资源匹配的行业[140]。巴尼（Barney，1988）认为企业资源组合的稀缺性和不可模仿性决定了相关并购能够获得超额利润[141]。有形资源、无形资源和财务资源都可以用于企业的多元化（Chatterjee & Wernerfelt，1991）。

有形资源通常包括生产产品的必要厂房、设备等，这些资源的流动性差，其剩余的产能只能用于生产非常相似的产品，特别是那些制造技术高度相似的产品。波特（Porter，1985）认为其他有形资源，如销售人员，也可以用于多元化经营。

无形资源类似于戈特（Gort，1962）所说的组织资本或鲁梅尔特（Rumelt，1974）所谓的核心技能。波特（1987）认为无形资源是那些能以最低成本转移到相关产品中技能[142]。

通过业务单元间的人员交流可以实现专长的转移。另外，有些技能的通用性较强，更容易用于多元化战略。例如，在既定的多元化程度上，关注营销技能的企业比不注重这些技能的企业的业绩水平要高（Capon，Hulbert & Farley，1988）[143]。

不同的资源会导致不同类型的多元化战略。查特吉和沃纳菲尔特（1991）发现实物资源、外部资金和基于知识的资源可以促进企业的相关多元化，而内部资金则能推动无关多元化。彭罗斯（Penrose，1959）对企业持续多元化成长的分析为理解范围经济提供了基础，她区别了三种类型的多元化：①使用同样的生产基础生产新产品，进入新市场；②以新技术制造新产品，进入相同的市场；③以新技术生产新产品进入新市场。前两种就是我们通常所称的相关多元化，当不同的业务分享共同的资源、技能或目标市场时，这些业务就是相关的，这使得范围经济成为可能。范围经济也源于不同业务共享有形或无形资源，生产多种产品和服务，降低总的联合生产成本。

威拉隆加（Villalonga，2004）用新的数据库 BITS 取代 Compustat 数据库作为数据来源，具体选取了 1986～1996 年的企业数据作为考察样本[144]。BITS 的基本单位是工厂，它对工厂的定义为"商业活动得以进行或服务、产品生产经营活动得以进行的、单独的物理场所"。因此，与 Compustat 所提供的、基于企业报告的部门信息相比，BITS 基于工厂的信息更能准确反映企业的多元化状况。并且，她用企业产品的 SIC 代码的种类数来度量企业的多元化程度，用超额价值度量企业多元化对公司绩效的影响。她的研究结果表明，总体而言，存在正的多元化溢价。威拉隆加将多元化溢价部分的归因于相关多元化。因为根据部门与工厂性质的不同，基于 Compustat 数据库的部门信息的多元化度量应该更多的体现了企业不相关多元化的程度，而基于 BITS 数据库的工厂信息则更全面体现了的企业的多元化程度，包括相关多元化和不相关多元化，因此在威拉隆加的研究中，包含了更多的相关多元化信息。

相关多元化的主要目的就是通过利用潜在的范围经济而获得协同效应。相关多元化可以通过多种方式来降低成本：①通过共享原材料而生产多种产品，如使用铁矿石制造钢铁和肥料；②充分利用生产要素，如同一个服务组织服务多个产品；③联合生产比单独生产更能降低成本；④在多个产品中重复使用同一要素；⑤共享无形资产如知识、品牌，制造多种产品（Martin，2002）。用经济学的观点看来，这些产生协同效应的机会源于对剩余资源的生产性利用（Penrose，1959）。

巴尼（Barney，2002）认为对于多元化战略的其他优势而言，特别是对于资源利用和内部市场效率而言，多元化战略降低了成本，提高了收益，多元化企业具有效率优势。

企业在某领域内经营相当一段时间后，一般都会形成诸如资金、技术、人才、商誉、品牌等资源，彭罗斯（Penrose，1959）认为企业内部总会存在着未利用的资源，剩余资源的存在是效率的损失，企业有充分利用这些资源的动机。通过多元化，企业可以最大限度地充分使用这些资源。蒂斯（Teece，1980，1982）认为，剩余资源必须和市场失灵结合起来才能导致多元化经营[145]。若市场是有效的，企业会出售其多余的生产性资源，即使在有范围经济的条件下，单业务的企业能比多元化企业更有效率。

富余的销售人员在相关多元化中更有效率，因为他们具有销售类似产品的经验，对相关产品的特征、顾客、销售渠道更为了解。进而，波特（Porter，1987）认为有形资源可以在生产、营销、采购和技术上建立关联，并共享资源。当然，这些有形资源比实物资产能更为灵活地用于多元化，虽然共享有形资源的愿望可以导致多元化，其他更多的无形资源也会鼓励企业开展多元化。车幼梅和龚小君（2005）对多元化收缩行动的实证研究发现，实物资源剩余在很大程度上支持了相关甚或无关多元化战略的成功实施，而实物资源的缺乏导致已有多元化业务的收缩[146]。这表明，我国上市公司的多元化战略应建立在一定的资源支持基础上，否则无法持久贯彻已有多元化战略从而创造价值。

我国第一批开展多元化经营的企业多为军工企业和大型国有企业，一个是通过"军转民"减轻军费开支，另一个是通过"办三产"安置冗员，但共同的特征是都拥有比较丰富的剩余资源，具备多元化扩张的基本能力。我国的一些企业上市募集了资金后并没有做好充分的战略规划，产业选择具有盲目性（尹义省，1998），为了使这些剩余在手头的现金资源尽快产生效益，选中热门行业进行多元化经营便成为了"惯例"，最早是房地产业，然后是旅游业，现在则是生物医药和互联网产业。

2. 分散风险

财务组合理论认为，企业可以多元化进入与现有业务现金流不完全相关的业务领域，从而降低企业的非系统风险（Amit & Livnat，1988；Lubatkin & Chatterjee，1991）[147][148]。这样，一项业务的季节性波动可以得到其他业务的平衡，整个企业的现金流保持平稳。

巴尼（Barney，2002）比较了两个单业务企业的风险和同时经营两种业务的多元化企业的风险。业务 1 的现金流风险（用长期现金流的标准差来衡量）为 sd_1，业务 2 的现金流风险为 sd_2，并且这两种业务的收益服从正态分布，同时经营这两种业务的多元化企业的风险为：

$$sd_{1,2} = \sqrt{w^2 sd_1^2 + (1-w)^2 sd_2^2 + 2w(1-w)COV_{1,2}}$$

其中，$sd_{1,2}$ 为两种业务合并后的现金流风险；w 为业务 1 在总投资中的比重；$(1-w)$ 为业务 2 在总投资中的比重；$COV_{1,2} = r_{1,2}sd_1sd_2$；$r_{1,2}$ 为业务 1 和业务 2 现金流的相关系数。如果 $sd_1 = 0.8$，$sd_2 = 1.3$，$w = 0.4$，$r_{1,2} = -0.8$，那么，$sd_{1,2} = 0.558$，小于业务 1 和业务 2 的风险。即便是 $r_{1,2} = 0.7$，$sd_{1,2} = 1.03$，仍小于业务 2 的风险。企业可以通过长期现金流不完全相关的多元化业务来降低总体风险。

分散风险理论所主张的多元化类型是无关多元化（Williams，Paez & Sanders，1988）[149]。这种类型的无关多元化在概念上不同于不能共享资源的无关多元化。为了降低风险，不论这些业务之间是否具有资源相关性，它们的现金流必须是不完全相关的，不同业务季节性波动的走势相反，总体上恰好起到互相平衡的作用。研究者认为，即便是从股东的角度看，平稳的收入也有明显的优势：稳定的收益和利润使企业更具可预测性，股东对这样的企业可以更加放心地投入更多资金（Amit & Livnat，1988；Chang & Thomas，1989）[150]。这种观点得到了一些实证研究的支持。朱江（1999）的研究表明，我国上市公司的多元化能降低经营风险[151]。

姜付秀等（2006）对我国 955 家上市公司 2001～2004 年数据进行的实证研究表明，企业的多元化对企业收益的波动具有负效应，即多元化降低了企业收益的波动程度[152]。其他一些学者的研究也表明多元化可以降低企业收益的波动（沈红波，2007）[153]。

多元化能分散风险的观点受到两方面的挑战：其一，金融学方面的有关研究并不认为通过业务多元化分散风险能给外部股东产生价值，因为对上市企业而言，股东可以通过直接投资或者通过共同基金投资于一个完全多元化的股票或者债券组合来降低自身风险（Amihud & Lev，1999）[154]。建立和维持这种多元化投资组合的成本（即支付给共同基金经纪人的佣金和管理费）要比构建和实施多元化战略的成本（即支付给公司经理人员的工资和津贴、组织和实施多元化战略的成本）少得多（Barney，2002）。而且多数的股权投资者只通过买卖股票就可以极低的成本调整投资组合，而通过并购、内部发展等方法调整多元化企业的业务组合，成本却十分高。正是由于这种原因，外部股东通常愿意自己实施多元化，由自己降低风险，而不愿让企业管理者为他们实施多元化（Barney，2002；Jensen &

Meekling，1976）。其二，有关风险与回报的理论认为，企业的回报率是其风险的函数，风险越大，回报也就越高（Amit & Livnat，1988；Chang & Thomas，1989）。据此，企业在通过业务无关多元化降低风险的同时，也降低了获得高额收益的可能。

贝蒂斯（Bettis，1981）、贝蒂斯和霍尔（Bettis & Hall，1982）的研究不仅没有发现多元化能降低风险，反倒是发现无关多元化具有较高的系统风险，他们认为原因在于无关多元化企业的负债率较高[155][156]。卢巴金和尼尔（Lubatkin & Neill，1987）的研究支持了以上结论，他们认为，相关多元化并购比无关多元化并购具有更低的系统风险。卢巴金和查特吉（Lubatkin & Chatterjee，1994）的研究表明，多元化和风险之间呈"U"形曲线关系，也就是说存在一个风险最低的多元化水平。相关多元化容易实现降低风险的目的，单一业务企业和无关多元化企业都有较高的风险。为了规避风险，企业"不能把鸡蛋放在同一个篮子里，也不能放在不同的篮子里，而应该放在相似的篮子里"。

尽管一些研究宣称证实了无关多元化对业绩的影响，但它们中的绝大多数把多元化的资源相关性与分散风险动机联系起来，认为业务间没有资源相关性的多元化是要降低风险，而不是看业务的现金流是否相关，这与分散风险理论所强调的无关多元化是不符的，也就是说，它们的实证检验方法与理论构建不一致（Farjoun，1998；Lubatkin，Merchant & Srinivasan，1993）[157][158]。阿密特和莉夫纳特（Amit & Livnat，1988）对业务现金流不相关的多元化企业的业绩状况进行的分析，他们发现，无关多元化能降低企业风险，但不能提高财务业绩。这与以上的观点一致，即降低风险的同时也降低了收益。

莫克尔和杨（Morck & Yeung，1998）认为企业多元化与经营效率成正比，公司生产多项产品会降低平均成本并分散风险，进而提升经营效率[159]。但博德纳尔（Bodnar，1999）却认为企业多元化与经营效率成反比，这是因为信息不对称性增加、管理上的困难以及管理者的自我保护[160]。

虽然风险理论认为多元化可以降低风险，但实证研究却没有得出一致的结论，实证结果可以分为四种类型：多元化可以降低风险；多元化与降低风险无关；多元化不仅不能降低风险，反而会增加企业风险；多元化和企业风险呈现非线形关系，一定程度内的多元化先是降低风险，超过一定程度则会增加企业风险。

3. 交易成本

交易成本理论源于科斯（1937）对企业性质的描述，威廉姆森（Williamson，1975，1985）对其做了进一步提炼，是解释企业组织形式与经济产出的重要经济学范式[161]。企业多元化活动涉及企业有效边界的基本命题，因此，以企业边界为研究对象的交易成本理论是探讨多元化的合理的理论起点。

交易成本理论认为所有的经济活动本身都是契约行为，由于有限理性、机会主义以及信息的不完备，经济活动存在交易成本。当市场交易体系无法提供准确可信的市场信号时，企业就可以作为一种契约机制来替代市场交易，企业的管理层级就成了完成交易的良好机制。由于交易成本理论分析了企业内部机制对外部市场交易活动的替代，因此外部市场的交易成本和内部市场的组织成本就成了影响企业有效边界的重要因素。

威廉姆森（1975，1985）主要关心企业组织结构安排，后来的学者则更多地关注能够转换多种普通要素的市场机制，原因是多元化的目的在于利用同时生产多种产品所带来的范围经济。蒂斯（Teece，1980，1982）、埃纳尔特（Hennart，1988）为开创多元化企业理论提供了基础[162]。蒂斯（1980，1982）认为多元化企业的存在主要依赖于利用市场的治理成本和企业内部的组织成本，在几个独立的企业之间的合作被交易成本和与之相关的要挟问题弄得复杂的情况下，多元化经营是一种有效的选择。当生产过程中涉及专用性资产，比如人力资本、组织惯例和其他专有技术时，独立企业间的交易成本倾向于上升。在缺少专用性资产的情况下，交易成本则并不是一个问题，因为在这种情况下，市场协调能够提供更好的激励和灵活性。多元化经营可以降低由于不完备契约和要挟问题产生的交易费用，原因有三：第一，企业内部组织交易开辟了形成独特的治理机制，在解决争议上具有更大的灵活性和更强的影响力，以及在难以预测的环境变化中的交易适应能力更强；第二，企业内部交易的当事人可以在多重关系中处理问题，这样可以降低不确定性，提高专用性资产的投资盈利能力；第三，社会影响，例如组织文化，提高了当事人以合作模式、而不是对立模式进行交易的意愿和能力。

多元化战略能降低三种类型的交易成本（Li & Greenwood，2004）。第一，蒂斯（1980，1982）认为当企业具有未充分利用的特殊物质资本时，便会有出租这种物质资本的机会主义风险。因此，管理的层级能比市场更有效地降低这种风险。第二，蒂斯（1980，1988）认为，涉及人力资本、技术诀窍有关的不确定性问题，管理层级比市场更能有效地解决买卖双方的信息不对称。第三，希尔（1994）认为利用范围经济不可避免地会要在两个以上业务中共享资源，管理层级能比市场更有效地分配成本和利润[163]。总之，威廉姆森（1985）认为，当不确定性很盛行、高的交易成本导致市场失灵时，企业会把资产内部化，而不是在市场上出售。因此，多元化可以看作是企业内部化资产的高级利用。企业不断从生产活动内部化过程中获得利益，直到最后一项多元化业务活动的边际成本等于边际收益（Bergh，1997）[164]。

以上讨论多元化战略对外部交易成本的节约，作为一种公司战略，多元化也会使企业的经营产生内部交易成本。多元化企业存在治理、激励无效和官僚化等问题，企业会采取一些措施来解决这些问题，如引进新的组织结构、系统和程序，因而增加内部交易成本（Nayyar，1992；Williamson，1985）。多元化战略有效与否，取决于外部和内部交易成本孰高孰低[165]。

战略管理文献中，从交易成本角度解释多元化与业绩关系的文献很多。学者们认为，多元化战略可以节约外部市场的交易成本，从而有助于企业绩效；但是，当企业的多元化程度过高时，多元化企业的内部交易成本会超过外部成本，企业绩效会下降。因此，多元化和业绩之间存在先正后负的"∩"形曲线关系（Nayyar，1992；Palich，Cardinal & Miller，2000）。但是，真正把交易成本作为变量，并对其进行可操作化的测量，从而实证检验交易成本变量和多元化战略关系的文献却极为少见。西尔弗曼（Silverman，1999）做了有意义的尝试。西尔弗曼（1999）认为对于企业来讲多元化战略是一种比较好的战略选择，它可以使企业充分利用剩余的、但是由于专用性太强而不易通过企业间合同方式加以利用的资源和能力。西尔弗曼（1999）认为通过合同的方式利用这些专用性资源，比如合资或者特许经营等，会产生很高的合同风险。这些资源和能力，如技术、技能或知识，或者很难在企业之间转移，与之相关的合同很难执行或进行监督；或者虽然容易转移，但很难确保某些信息或者商业机密会按规定得到合理的保护。西尔弗曼（1999）从三个方面测量了合同风险：特许权忠诚、商业秘密和学习曲线优势，所有这些都是企业绩效的决定要素，他对美国企业的实证研究表明，企业的多元化决策实际上是由其他可供选择的合同方式的风险程度所决定的。

不少学者从企业内部组织效率出发，分析了多元化企业组织结构在节省交易成本中的作用。威廉姆森（1975，1985）认为企业组织结构实际上是克服有限理性和机会主义、使交易得以完成的公司治理机制，多元化实际上是 M 型结构的外延，为企业的战略计划、资源分配监督和控制提供了有效方法，创造了良好的公司业绩。多数的经验研究也支持这种观点（Hoskisson & Hitt，1988）[166]。不少研究者又对此进行了细化，认为 M 型结构与业绩的关系同企业内部调节因素有关。不同的交易成本效率与战略类型有关，开展相关多元化的企业能获得范围经济，开展无关多元化的企业能够获益于内部治理机制。为了实现这些潜在利益，企业需要根据多元化战略类型做出相应的组织结构安排：要获得范围经济的相关多元化企业强调业务单元间的合作，想从内部治理机制中获益的无关多元化企业重视业务单元间的竞争。如果企业要获得良好业绩，就必须把多元化战略类型和组织结构合理地匹配起来（Hill，Hitt & Hoskisson，1992）。为从相关多元化中获得利益，企业要建立内部合作型结构；为从无关多元化中获取利益，企业要建立内部竞争结构。

我们不难发现交易成本理论的局限性。由于交易成本理论的逻辑出发点是自制或者购买，因此，该理论更适合解释纵向一体化，而不能为多元化提供一般性的解释。另外，虽然交易成本理论可以帮助我们理解企业内部交易在某些场合要比外部市场更为有效，但却不能解释，同样是 M 型组织结构，企业也可以选择专业化经营战略，甚至专业化战略可能更为成功，那么企业为什么还要进行多元化呢？可见，交易成本理论只是一种关于多元化效果的深刻描述，但并没有提供逻辑上的论证（李晓蓉，2003）。

2.4.3　多元化降低企业绩效

管理主义（Berle & Means，1932）的出现以来，管理者的作用和动机就受到了置疑（Donaldson，1995）[167][168]。伯利和米恩斯（Berle & Means，1932）发现在现代公司的所有权和经营权是分离的，即公司利益享受者（股东）和决策者（经理人员）之间的分离，这可能造成二者之间利益的冲突。在有些情况下，经理人员的决策可能与股东利益背道而驰，例如支付经理人员过高的薪水、反对有利的接管或直接剥离业务等。

熊彼特（Schumpeter，1934）也认为公司的制度化和管理的职业化会抑制企业家精神并导致资本主义的灭亡[169]。传统企业理论的研究者也怀疑有关企业的模型是否能建立在利润最大化的假设上，或者管理动机是否可以被描述为追求销售增长或企业的建设（March & Simon，1958；Penrose，1959；Mueller，1972）[170][171]。

对股东意图和管理者动机之间发生冲突可能性的思考激发了委托代理理论的产生。代理理论认为，管理者并不一定追求委托人的目标，因此所有者不得不设置多种的机制，如合同、报酬和监督体系，来提高自己的利益和管理者利益的一致性（Jensen & Meckling，1976）。根据代理理论，如果经理人员从企业多元化中获得的个人利益高于其个人成本，他们会坚持这一战略。管理者开展多元化经营的理由主要有以下三点（Montgomery，1994）：其一，因大企业的经理声望和社会地位较高，经理的报酬又和企业规模有关，所以企业管理者愿意通过多元化战略扩大企业规模，提高自己的报酬水平和社会地位；其二，当企业盈余充足时，支付股利能增加股东收入，但减少了管理者控制的资源存量，削弱了他们的权力，所以把剩余资源用于企业多元化符合管理者的利益；其三，管理者为了增加与股东的谈判资本、降低失业风险，会多元化进入与自己个人能力相匹配的业务领域，增加企业对自己的依赖。

可以用两种方式缓和管理者和股东之间的冲突，第一，用激励的方式使管理者的目标与股东利益一致。例如，如果管理者本身也是大股东，他们自然与其他股东一致。类似地如果管理者不是大股东，可以将他们的收入与股东的利益联系起来，使二者的目标一致。第二，董事会或股东本人可以监督管理者。然而，这种监督机制是不完善的，无法察觉管理者的某些行为。而且，外部的小股东没有多大兴趣来监督管理者，因为这样自己会承担监督成本，而收益则是所有的股东共享。如果多元化反映了经理和股东之间的冲突，代理理论可以解释股权结构和公司多元化战略间的关系。当管理者拥有了更多的股份时，破坏价值的决策会使他们分摊更多的成本，因此，他们不大可能采取破坏股东价值的政策。这样，代理理论解释了管理者股权和多元化之间的反向关系。

一些实证研究支持了代理理论。阿米姆德和列夫（Amihud & Lev，1981）的研究表明在管理者控制下的企业更可能开展无关多元化并购，比所有者管理的企业的无关多元化程度高[172]。管理者具有机会主义倾向，也就是说他们追求自己的利益。另外，研究者也假定管理者不容易找到其他的工作，因此他们会保护目前的职位，降低就业风险的办法之一就是多元化进入与目前业务的现金流不完全相关的业务领域，也就是开展无关多元化。阿米姆德和列夫（1999）认为公司的控制结构与管理者的无关并购倾向有关，股权集中度高的企业多元化程度低，由于代理问题的存在，多元化会降低企业价值。金天和余鹏翼（2005）以我国 454 家上市公司2001～2003 年1360 个观察值为样本，实证检验股权结构对多元化战略的影响[173]。结果表明，国有股对公司多元化具有约束作用，国有股东倾向产业集中战略，法人股与流通股比例与多元化程度正相关，说明公司多元化过程中存在代理问题。洪道麟，刘力和熊德华（2006）对我国企业的并购研究表明，代理问题影响多元化战略，自由现金流会显著促进多元化并购，而多元化并购会产生企业折价[174]。韩忠雪，朱荣林和王宁（2006）从股权结构的角度来验证了代理问题和公司多元化折价的关系，国有股权与公司多元化程度呈现负相关关系，法人股与多元化程度呈"∩"形曲线关系，流通股与多元化程度呈正比例关系，股权集中度、机构持股比例和管理层持股与多元化程度负相关[175]。这种结果意味着代理问题在有效解释公司多元化程度的同时，也有效地解释了公司多元化折价的产生。

艾健明和柯大钢（2007）从中国上市公司进入新行业这一视角检验了管理能力假说与管理保护假说[176]。结果显示，进入新行业前后企业平均绩效水平显著下降，资产规模显著上升，多元化程度、管理报酬均与资产规模显著正相关，且总经理更替与资产规模显著负相关，但没有发现管理报酬与多元化程度之间显著相关性的证据。因此，结论否定管理能力假说，支持管理保护假说，表明我国上市公司进入新行业是过度投资的一种表现。

一些研究却否定了代理理论，学者们认为，尽管管理者也是以自身利益为中心，但是，他们在制定战略时，会同时考虑自身利益和股东利益，如果两者利益存在冲突时，管理者会优先考虑股东利益（Lane，Cannella & Lubatkin，1998）[177]。丹尼斯等（Denis et al.，1997）认为多元化战略的变化受到公司股权结构的影响，并提出内部人持股对多元化有负面的作用[178]。他们解释说，由于管理层此时与股东的利益趋向一致，因此他们不会采纳破坏公司价值的战略。根据他们的研究，多元化战略给公司带来的恰恰是溢价（Denis，Denis & Sarin 1997）。莱恩（Lane，1998，1999）认为，代理理论不适用于公司多元化，因为在多元化战略决策中管理者和股东的利益没有明显的冲突，管理者和股东都关心企业的非系统风险[179][180]。管理者不会采取机会主义行为，除非他们的利益直接受到威胁，管理者可能会采取有利于股东的决策，其持股的多少与多元化战略程度无关（Lane，Cannella & Lubatkin，1998，1999）。

布莱克本，朗和约翰逊（Blackburn，Lang & Johnson，1990）探讨了企业股权控制类型对多元化影响，没有发现所有者控制企业和管理者控制企业在无关多元化并购方面的差异，但管理者控制的企业无关多元化并购后的业绩低于所有者控制的企业[181]。安德森等（Anderson et al.，2000）对公司内部治理结构的研究表明，内部治理机制的失败与公司多元化战略相关没有关系，监督机制对公司多元化战略也没有显著的影响（Hyland & Dilitz，2002）[182]。艾森曼（Eisenmann，2002）对美国有线电视产业的研究表明，CEO股权和多元化战略相互作用与多元化并购负相关，与业务退出正相关[183]。表明CEO控制的企业比所有者控制的企业对各业务单元竞争稀缺资本的政治行为更为敏感（Eisenmann，2002）。卡纳安和李（Kannan & Li，2004）对印度制造企业的研究表明，外部股东对无关多元化的影响超过了公司高层管理者以及董事会成员的作用，管理者和董事会成员对无关多元化的影响不显著[184]。

除了直接地支持和反对代理理论的研究以外，还有一些研究发现了股权激励与多元化程度有着更复杂的关系。赖特等（Wright et al.，2002）分别探讨了 CEO 股权和期权对企业风险承担行为以及业绩的影响，结果表明，CEO 的股权和多元化并购以及并购信息宣布后的业绩呈"∩"形关系，而期权和多元化并购以及并购信息宣布后的业绩则是积极的线性关系[185]。公司多元化的市场激励主要反映了上市公司的股权结构特征（国有股比率在一定程度上限制着公司的多元化扩张）、业绩增长的压力以及对净资产收益率的追求。不同类型激励措施对多元化战略影响的研究得出了相互冲突的结论，国有股占主导地位的公司，多元化程度与现金薪酬负向相关，管理层持股比例与多元化程度正向相关，多元化程度与在职消费正相关，即现金薪酬措施、在职消费与多元化程度的关系验证了代理理论，而管理层持股与多元化程度关系恰与代理理论的观点相反。

以上的研究采用了截面分析法，探讨管理者持股比例对企业多元化战略和业绩的影响，结论很不一致。那么管理者股权激励和企业多元化战略到底有什么联系呢？戈拉诺娃等（Goranova et al.，2007）从纵向角度探讨了管理者股权与企业多元化的因果关系，实证结果表明，管理者持股比例并不能造成多元化程度的变化，而较高程度的多元化水平则会造成管理者持股水平的变化，也就是说，不是管理者股权激励影响了多元化战略，而是多元化战略影响了企业的股权分配[186]。

2.5　小　　结

本章主要对动态能力、企业多元化的相关理论进行了梳理，对动态能力、多元化的国内外研究现状进行了系统的述评，已有的相关研究还存在一些不足。

动态能力自提出后已受到了广泛关注，获得了较快发展，然而现有研究中仍然存在一些问题或困境，有待进一步的探索和解决。现有实证研究大多采取定性的案例研究方法，对动态能力缺少较精确的度量。定量化的实证研究迄今仍然处于摸索阶段，数量较少。如何建立反映动态能力的较为系统的指标体系，并探索动态能力的影响因素以及动态能力与企业绩效之间的定量关系是一件具有重要性和挑战性的工作。

在关于多元化与企业绩效的研究过程中，大量实证研究结果表明多元化与企业绩效之间存在正相关、负相关或不相关。类似的研究结论仅仅是对事物表象的概括，而对于产生此结果的内在机理缺乏深入的探究。多元化与企业绩效之间的关系可能不完全是线性关系，类似于规模经济研究中的平均成本曲线一样，多元化与企业绩效可能存在"U"形相关，由于实证研究人员在研究某具体企业过程中所选取的研究样本分别处在"经济规模点"的左右两侧，在不同的研究背景下得出截然相反的研究结论。

多元化战略的实证研究还存在多元化分类标准不一致、数据采集和行业划分缺乏统一口径等缺陷。而多元化实证研究所普遍采用的多元线性回归方法也无法完全表现诸多变量之间的隐含信息，而这些隐含信息可能是不能忽略的。

现有关于多元化战略研究的成果往往是以更正以往的错误、分散企业风险、增加企业利润为着眼点的，主要是把企业的多元化战略作为一种短期的经营战略进行实践，并根据企业多元化战略实施的效果对多元化本身进行评价，缺乏动态研究视角。而作为一种成熟型企业的高端发展战略，多元化应是一种在不断变化的竞争环境中追求未来潜在竞争优势的战略模式，是影响企业持续发展的长期战略模式。

国内外诸多企业在多元化领域勇于实践的事实表明了多元化战略的吸引力和普遍性，而许多多元化失败的案例也印证了该战略模式的难度。理论和实证研究得出的诸多截然不同的结论，从各自的角度剖析了多元化战略的优势和风险，各方面的结论都能很好地解释某一方面的现象，但并没有提供一个对多元化的全面认识。现实经济系统中，很容易找出多元化成功和失败的例子，而专业化成功和失败的例子也很多，根据战略实施的成败和实施后企业绩效的变化评价战略模式本身而忽略了多元化战略中更为复杂的因素将导致理论研究与现实的脱节。

因此，本书试图从一个全新的理论角度——基于知识的动态能力，对企业的多元化战略进行研究，构建基于动态能力的多元化战略，为企业多元化战略的成功提供新的理论支持和实践方向。

第 *3* 章

动态能力对企业多元化
影响的机理分析

传统的多元化动因分析主要从范围经济、市场力量、内部市场、分散风险、交易成本、资源利用等角度进行分析。本章重点从知识观的视角来分析企业多元化战略的内在动因，并分析知识视角下多元化对绩效的影响、作用机制。

3.1　基于知识的动态能力分析

3.1.1　动态能力的构成要素

众多学者从不同视角出发对动态能力概念进行界定，就动态能力的构成要素及维度、演进过程、与企业绩效关系等问题提出了诸多理论模型，并在实证研究上进行了初步的探索。

表 3-1 对现有文献中关于动态能力要素的代表性研究进行了回顾。不难看出，大多数学者从过程的维度对动态能力的结构进行分析。例如，艾森哈特和马丁（Eisenhardt & Martin，2000）认为动态能力包括四类能力：①整合能力，产品开发过程中项目经理对不同技能和职能的组合就是一种典型的整合能力；②重构能力，包括对资源的复制、转化和重组，如

管理者对企业内不同部门间网络结构进行重新调整，产生新的组合形态；③获取能力，包括创造新的知识以及通过联盟和购并获得新的资源；④释放能力，当市场发生变革时，放弃无法继续创造竞争优势的资源也被认为是动态能力的一种。类似的，王和艾哈迈德（Wang & Ahmed，2007）认为动态能力包括三类能力：适应能力、吸收能力和创新能力。三方面的能力各有侧重：适应能力聚焦于企业整合、重组自身资源以应对环境的变化；吸收能力侧重于企业学习外部知识，并将它转化为自身的新能力；而创新能力则强调企业自身的能力与新产品（市场）间的创新路径或过程。

表3-1　　　　　　　　　　动态能力构成要素

研究者	构成要素
Teece & Pisano，1994 Teece et al.，1997	协调、整合；学习；重构、转型
Heeley，1997	外部知识获取；知识内部消化；技术能力
Eisenhardt & Martin，2000	整合；重构；获取；释放
Zahra & George，2002	获取；消化；转化；利用
Verona & Ravasi，2003	整合；重构；创造；吸收
Pavlou，2004	协调能力；吸收能力；集体意识；市场导向
Branzei & Vertinsky，2006	吸收；消化；转化；配置
Wang & Ahmed，2007	适应；吸收；创新

蒂斯等（Teece et al.，1997）提出了一个相对更为复杂和系统的动态能力架构。他们认为动态能力是由流程（Process）、位势（Position）和路径（Path）三个构面（3P）所形成的，即动态能力是嵌入在组织的流程当中，而组织的流程是由组织的位势和路径所塑造的。三个构面分别详述如下：

（1）流程。

流程包括三种角色，分别为协调与整合、学习、重构与转型。

学习是指通过重复与试验提升任务执行的品质与效率，而持续的学习活动能够保持对环境变化的灵敏度，进而提升对新机会的识别能力。他们认为企业中的学习有以下特征：①学习包括个体和组织两个层面。学习是集体化和社会化的活动，需要有交流和协调的共同标准；②学习产生的组织知识存在于新的活动范式即"惯例"中。而惯例主要存在于群体行为中，个体层面也可能存在某些"子惯例"；③组织间的协调和伙伴关系可以促进新的组织学习活动，帮助组织识别运作不佳的流程和战略上的盲点。

重构与转型在这里指的是组织感应到重整资产结构的必要性和完成内外部转型的能力。这种能力主要来自对市场和技术的持续监控以及采用最佳实践的意愿。在动态变化的市场中，过于自恋的企业极易失败。重构与转型能力本身是一种学习型的组织技能，即重构与转型的实践越多则越容易完成。当然，重构与转型是有代价的。

协调与整合是指组织内部活动的协调以及组织外部活动和技术的整合。近些年来讨论日趋热烈的一些议题，如战略联盟、虚拟组织、客户关系管理、供应链管理等，均证明了协调与整合的重要性。一些实证研究表明企业内生产活动的组织方式是许多行业中企业竞争力差异的来源。还有研究表明生产系统是相互交织的，只对某一部分进行调整而不影响其他部分是非常困难的。这解释了一些原有产业被在初始时并不起眼的创新所摧毁。

学习引发重构。学习能力通过有效获得、内化、转换和利用知识对重构性进行塑造。学习能通过增强单位的"创新能力"从而有助于各单元更具主动性。学习能够促进重构和创新。协调和整合有助于配置重构资源。通过协调，资源和任务能够进行分配，活动可以进行同步。整合能力通过有效贡献、表现和相互关系有助于对重构资源进行配置。学习处于循环的末端，同时又是再次循环的起点。

（2）位势。

企业的竞争力不仅受流程的影响，也受其所拥有的特定资产的影响。特定资产包括难以交易的知识资产以及相应的补充性资产等，共可分为八大类：技术资产；互补资产，指企业将技术创新商业化过程中所需的相关资产；财务资产，企业的资金和财务结构；声誉资产，企业利益相关者对企业影响力、价值和知识的评价；结构资产，企业的正式和非正式结构以及与外界的联系；制度资产，包括对企业有影响的公共政策、法律条令和规章等；市场资产，企业在产品市场中的竞争地位；组织边界，如纵向与横向整合的程度。

（3）路径。

路径主要指企业过去和未来可能的发展方向，包括两方面内容：路径依赖和技术机会。

路径依赖指企业未来可以发展的方向是目前位势和前方道路的函数，而目前位势是由过去经历的路径所塑造的。这一观点强调了历史的重要性，即企业过去的投资和所形成的惯例影响着未来的行为。一方面，路径依赖会给企业带了正面影响，例如企业经营活动的网络外部性和干中学都可能产生边际报酬递增的现象；另一方面，路径依赖也很可能使企业局限在狭小的范围内学习，容易产生核心刚性，给企业造成负面影响。

一个产业在特定领域中能发展得多快多远一定程度上取决于当前的技术机会。这些技术机会是之前的基础科学进步的函数。即当基础科学已经发展到一定阶段时，将其应用在商业产品中的机会才会出现，而当基础科学出现突破性发展时，这些机会可能会迅速涌现。此外，技术机会并不是完全外生的，因为其不仅是源自某些组织对基础科学的投入或支持，也可能来自一般的创新活动本身。对这些技术机会的识别受到基础研究单位与企业之间的连接关系的影响，因而技术机会的存在是企业特定的。

此外，另一种的动态能力构成要素的划分是："外部感知"能力和"组织行动"能力。前者是指发现外部环境变化提供机会的能力，后者则是把握这种机会的能力。这种对动态能力结构的剖析也是从纵向的时间维度出发，与获取、整合、重构和释放的划分方法并不矛盾，只是更强调感知和响应这两种活动的功能不同。但如果将知识作为一类投入要素视为资源所涵盖的内容，则对外部机会的发现实际上是一个获取外部知识的活动过程，同样属于资源获取的范畴。另外，环境机会并不只来自企业外部，在某些情况下企业自身也可以成为机会的来源，例如知识交互碰撞产生新的创意、冗余资源被重新开发利用等，因而仅仅强调"外部感知"能力未免有失偏颇。相比较而言，国内学者项保华（2003）的表述更为准确，即从整体上看企业的动态能力包容敏感地感知和快速地响应两方面的能力。企业的敏感性水平一般与正式、非正式信息沟通渠道有关，强调企业的内外信息触角建设，而响应性水平一般与企业内部流程、结构等有关，强调企业价值活动和资源配置的柔性组织与动态调整。

3.1.2　知识观与动态能力

1. 知识的基本属性

企业知识具有以下几个基本属性：获得知识的专业性、知识的情景相关性、知识的路径依赖性、知识的可占用性、知识的可转移性，如图3-1所示。

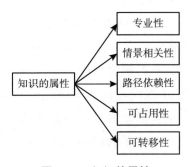

图3-1　知识的属性

（1）知识的专业性。

知识的专业性可以从两方面来理解：第一，从经济学的角度来讲，劳动的分工（既包括人与人之间的劳动分工，也包括企业与企业之间的劳动分工）促使各个经济主体在专业化的生产过程中，加强各自专业知识和技能的积累，因此，从企业来说，在企业的成长过程中，每个企业都形成和积累了独特的专业性知识，知识的专业性有利于提高知识投资的收益。第二，基于西蒙的有限理性假设，我们认识到人的头脑在获得、储存、处理知识方面的能力是有限的，知识投资收益的内在要求促使个人专业化于某个特定的领域。这也意味着所谓的专家基本上都是一些不同领域的专业能手，样样都会的人实际上是杂而不精的。知识的专业性决定了生产活动需要拥有各种不同类型知识的人共同协作和学习。

（2）知识的情景相关性。

知识的其他属性在某种程度上都与知识的情景相关性（Context）有关。所谓"情景"是指"人们共同创造的，可以给语言、思想和行为提供解释和赋予意义的一系列共同模式或架构，它既包括形象、姿态、物理背景，也包括历史信息、战略和趋势，总之任何影响或解释一个特定语言、思想或细微的观念、事件或行动的更大范围的领域都能包括在这一共同模式或架构，即情景之内"。知识的情景相关性是指任何知识都是在特定情景中创造的，而且还要在特定情景下获得其意义。同时，也意味着知识是与某个具体情景下的具体认知实践活动联系在一起的，不进入相关的情景，是无法理解和把握知识的真实意义的，这也从根本上影响到知识的跨情景转移。知识的情景相关性，一方面，为知识拥有者充分挖掘其潜力和价值带来了难度，另一方面，也使得竞争者很难通过复制的方式进行完全的模仿。

（3）知识的路径依赖性。

路径依赖原理是美国经济学家亚瑟（Arthur，1989）首先提出来的。简单地说，路径依赖性是指事物发展的未来走向受制于其发展的历史。历史上某种偶然因素的作用就可能使事物发展具有路径依赖的特征，最终锁定于某种低效或高效状态。对企业而言，知识的路径依赖性是指企业知识存量的增加严格依赖于企业现有的知识存量，而企业现有的知识存量状态又是其历史的产物，这意味着，企业的历史经历形成了企业的知识存量。企业在某一时点上的知识存量决定了企业下一步可能选择的方向，并决定了企业发现市场机会和配置资源的能力。知识的路径依赖性还能保护企业知识不被竞争者无偿地快速获取。其不利影响就是可能导致企业的僵化。

（4）知识的可占用性。

可占用性是指资源所有者占用资源所创造的价值的能力。知识的可占用性的大小决定了企业或个人所拥有的知识能够产生收益的多少。隐性知识是不可能被别人直接占用的，因为它难以直接地转移出去，只有通过将其运用于生产活动时，它才可能被其他人占用。而显性知识在可占用性方面面临两大难题：一是显性知识作为公共产品或非竞争性产品，任何获得它的人都能在不损失它的情况下再次将其出售；二是知识交易的行为可能会使潜在的购买者获得知识。因此，除了那些通过法律来保护的专利和知识产权外，知识在市场上交易时通常都会被占用。隐性知识的存在和产权的模糊使得借助于市场进行交易是不恰当的。

（5）知识的可转移性。

知识的可转移性受多方面因素影响。将知识划分为显性知识和隐性知识，反映了知识的可转移性的一面。传统经济学假定知识的转移成本为零，换句话说，一旦知识被创造出来，可以在边际成本为零的情况下被其他使用者所使用。而隐性知识，由于很难通过系统的语言符号来表达，因而难以通过交流得以转移，它只能通过应用和实践才可明晰地获得，从这个意义上讲，隐性知识的转移是缓慢的、成本高昂的，而且其过程是不确定的。另一方面，知识所具有的情景相关性和路径依赖性特性也使得知识的转移，即便是显性知识，也可能是不完全的。

2. 知识观理论

知识观理论与动态能力理论有着紧密的联系，特别在企业竞争优势来源这一战略管理的核心问题上两者的观点是极为接近的。知识观理论认为企业竞争优势源于对知识的创造、存储及应用；动态能力理论认为企业竞争优势来源于对内外部资源的构建、获取、整合和重构以适应环境变化的能力。可见，知识观理论和动态能力理论都将对资源的管理过程而非对资源的占有和控制视为竞争优势的来源。相对于动态能力理论，知识观理论更明确地将关注焦点汇聚于知识这一类特定资源以及相应的知识管理过程上，使其分析对象更为具体，研究边界更为清晰；相对于知识观理论，动态能力理论则更强调外部环境的重要性，讨论了环境特性对于动态能力发展的影响以及环境特性在动态能力与竞争优势关系中的调节作用。

事实上，动态能力理论的奠基者蒂斯（Teece）也非常重视知识资源的重要性。他认为知识资源是企业能力的基础，而企业能力是企业产品和服务的基础。企业的本质要素是创造、转移、组合、集成和利用知识资源的能力。近些年来，越来越多的动态能力领域的学者也开始借鉴知识观理论的视角，强调知识是动态能力所运作的所有资源中最关键的一类，认为动态能力通过基于知识的流程支撑了企业的持续更新，或是认为知识管理可以有效地推动动态能力，或是直接将动态能力理解为一个知识处理的循环流程。

萨拉和乔治（Zahra & George，2002）认为，动态能力是吸收能力的重定义，是关于知识的创造和利用，增强企业获取和保持竞争优势的能力[187]。维罗纳和拉瓦西（Verona & Ravasi，2003）提出，应充分认识动态能力基于知识的本质特征，他们将动态能力理解为知识创造和吸收、知识整合和知识重构三种过程[188]。普列托等（Prieto et al.，2008）在讨论新产品开发中的动态能力时，认为动态能力包含知识产生、知识集成和知识重构三个维度。塞佩拉和维拉（Cepeda & Vera，2005）认为动态能力的发展和使用背后是一系列知识管理过程，包括选择企业所需的知识、复制新知识以及保持新知识，而动态能力的产出——可用的知识组合是新的运作能力的基石[189]。他们还通过实证研究定量地分析了这些知识管理过程之间以及与企业远景和价值定位之间的作用关系。

普列托等（2008）对动态能力理论和知识观及知识管理理论的联系做了系统探讨。他们认为，首先，动态能力与知识观理论均认同组织学习以及知识变革和适应的重要性；其次，尽管动态能力理论强调企业各种资源的更新而知识观理论聚焦于知识资源，但在两种理论研究领域中都产生了许多关于知识开发和知识利用过程的研究；最后，两种理论都认为知识资源对于获取和保持竞争优势有着关键性的作用。受知识管理推动的动态能力影响着特定运营和职能能力并进而对企业绩效产生显著影响。

江积海（2006）指出知识传导是知识从一个组织转移到另一个组织，并为组织吸收、整合、应用、创新、外溢，使之适应不同的应用环境，实现知识增量，包括了传和导两个环节的动态过程。他认为动态能力是企业成长的动因，知识传导通过动态能力间接作用于企业成长，企业成长体现为企业边界、企业结构、企业行为、企业绩效四个层面的演变。

根据以上文献综述，本书借鉴艾森哈特和马丁（Eisenhardt & Martin，2000）等人的观点，将动态能力定义为"企业吸收、创造和整合知识资源，通过知识的开发和利用，以适应快速变化的环境，增强企业获取和保持竞争优势的能力"。充分体现了动态能力基于知识的本质特征。

3.1.3　基于知识的动态能力构成要素

在所有资源中，知识资源被许多学者视为最为核心和重要的资源。知识是指具有特定情景和特定含义的信息。知识因其难以流动性和普遍适用性而被认为最有可能成为持续竞争优势的来源。知识使得企业可以更准确地预测环境变化趋势并采取适当的战略和策略行动。

从资源基础理论的新拓展——知识观学派的视角来看，企业是具有异质性的知识体，其竞争优势源于对知识的创造、存储及应用。基于类似的观点，一些研究动态能力的学者也在最近的研究中提出动态能力通过基于知识的流程支撑了企业的持续更新，或是将知识资源的使用视为动态能力发展的核心因素，或是直接将动态能力理解为一个知识处理的循环流程。国内学者董俊武等（2004）也从组织知识的角度提出，企业动态能力的实质是一个学习性过程。组织知识的演化过程实际上也是企业动态能力发生作用的过程。由此可见，动态能力理论也开始借鉴知识观理论的思路，逐渐地将研究的焦点对准了"知识"这一独特的资源。

尽管动态能力与知识观理论相融合的趋势已经越来越明显，但迄今为止，从知识的视角出发对动态能力进行界定尚不多见。知识可以有多种细分方法，除了内部与外部之外，还可以分为隐性知识和显性知识，不同领域或职能的知识等。

知识观视角的引入使得动态能力的内涵更为明确、对象更为聚焦，将动态能力从各种难以琢磨的资源、能力、过程或惯例转变为吸收、创造和整合知识这一具体过程上，显著地提高了可观测性和可操作性，从而将有力地推动动态能力研究，尤其是动态能力与组织其他变量（如企业绩效）之间关系等定量化实证研究的深入开展。

在概念界定之后，本书将对基于知识的动态能力构成要素进行探讨。实际上，随着将基于知识的动态能力定义为"企业吸收、创造和整合知识资源，通过知识的开发和利用，以适应快速变化的环境，增强企业获取和保持竞争优势的能力"，其构成要素已经清晰可见，即知识吸收、知识创造和知识整合能力。

根据知识的来源主要可以分为两个途径：企业外部知识获取，即通过技术购买或许可、企业购并、雇佣人员等方式获得或"嫁接"企业外部的知识称为知识吸收；企业内部知识获取，即通过企业自身在研究和发展、人员培训等方面的投入获取新知识称为知识创造。本书将知识吸收能力和知识创造能力分别对应外部知识获取能力和内部知识获取能力。

在艾森哈特和马丁（Eisenhardt & Martin，2000）等学者的研究中，资源或知识的整合与重构被视为两种动态能力。但实际上整合和重构是极为接近且密不可分的。产品开发过程中项目经理对不同技能和职能的组合就是一种典型的整合能力，同时他们认为重构能力包括对资源的复制、转化和重组，如管理者对企业内不同部门间网络结构进行重新调整，产生新的组合形态。有学者将知识整合界定为塑造和管理隐性的、分散的知识资源以共同促进新产品开发的能力，同时他们将知识重构理解为创造开放性的结构，以较灵活的形式重新定义角色系统和关系模式从而更方便地持续重组资源。从总体上来看，现有研究中讨论的知识重构与知识整合并没有明显的区别，本质上都是对知识的重新组合。因此本书将知识整合和知识重构能力统称为知识整合能力。

3.2　基于知识的多元化分析

3.2.1　基于知识的多元化动因

很多企业在发展到一定程度的时候都纷纷开始考虑多元化扩展，那么到底是什么驱使它们选择多元化战略呢？

1. 传统观点

传统的竞争战略理论多将研究的视角集中于企业外部因素的分析，认为企业多元化发展是当企业面临外部竞争压力时的一种应变措施，而将企业内部视为"黑箱"。以彭罗斯为代表的企业资源基础论则认为是"由于企业日积月累了许多内部资源，尤其是决策能力资源。追求经营规模的扩张是企业经营者的天性，他们总是强烈地倾向于将其所拥有的内部资源扩大运用到更大的范围和更好的机会领域中"，可以看出，彭罗斯的研究已将企业多元化发展的主要动因归结为企业的内在因素，然而，正如前面所阐述的那样，并不是所有的企业资源都能形成动态能力，因为作为生产要素的大多数资源都是可以通过市场交易获取的，因而这些资源对企业来说不具有特殊性，难以形成动态能力，企业作为知识的集合体，其动态能力的来源只能是知识以及应用知识的能力。

2. 企业多元化的知识动因分析

彭罗斯（Penrose，1959）认为企业内部总会存在着未利用的资源，剩余资源的存在是效率的损失，企业有充分利用这些资源的动机。通过多元化，企业可以最大限度地充分使用这些资源。蒂斯（Teece，1980，1982）认为，剩余资源必须和市场失灵结合起来才能导致多元化经营。若市场是有效的，企业会出售其多余的生产性资源，即使在有范围经济的条件下，单业务的企业能比多元化企业更有效率。

作为知识的集合体，企业在知识资源上进行投入，是为了获取相应的投资收益，而知识的价值也正体现在它能为企业创造价值。企业进行多元化发展是一条实现企业的知识投资收益的很好的途径，其原因分析如图 3 - 2 所示。

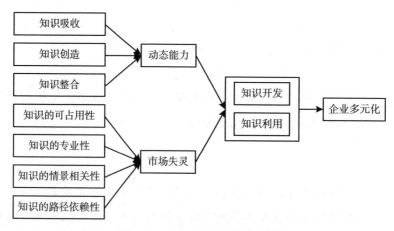

图 3 - 2 企业多元化的知识动因

（1）基于知识的动态能力。

动态能力是指企业吸收、创造和整合知识资源，通过知识的开发和利用，以适应快速变化的环境，增强企业获取和保持竞争优势的能力。企业在某一生产过程或业务的发展中积累（吸收、创造、整合）的某些知识（包括市场、技术和组织管理等方面的经验、诀窍等）因具有显著范围经济性而导致的动态能力应该进一步得到开发与利用。范围经济这个概念是由潘萨尔和维利希（Panzar & Willig，1977）提出的[190]。所谓范围经济，是指企业由于经营范围的扩大而带来的经济性。知识的范围经济性是指企业在生产过程中所形成和积累的许多知识可能并不是某产品或某业务所特有的。也就是说，某些知识既可用于这类产品（业务）的生产，也可用于其他产品（业务）的生产，并能创造更大的价值。知识吸收能力、创造能力、整合能力决定了企业的动态能力，而知识所具有的范围经济性要求企业促进知识的有效共享和重复利用，扩大企业能力的有效使用范围，以获得更多的知识投资收益。

（2）知识的市场失灵。

知识的市场失灵是指借助于市场交易来转移知识，以最大化地获取知识的真实价值是不合适的，这是由企业拥有的知识类型及其属性所决定的。

①知识的可占用性。知识的可占用性的大小决定了企业或个人所拥有的知识能够产生收益的多少。具体而言：

显性知识的可占用性。显性知识在可占用性方面面临两大难题：一是显性知识作为公共产品或非竞争性产品，任何获得它的人都能在不损失它的情况下再次将其出售；二是知识交易的行为可能会使潜在的购买者获得知识。因此，除了那些通过法律来保护的专利和知识产权外，显性知识在市场上交易时通常都会被占用。换言之，显性知识的易于转移与知识产权的模糊是显性知识的可占用性方面的两难困境。

隐性知识的可占用性。隐性知识是不可能通过市场被别人直接占用的，因为它在企业间的可转移性很低，因而难以直接地转移出去，只有将其运用于生产活动时，它才可能被其他人占用。所以，隐性知识的存在和知识产权的模糊使得知识借助于市场进行交易获取其收益是不合适的，也就是说知识市场是失灵的。

②知识的专业性与知识价值的模糊。知识的专业性决定了市场难以在可观察到的和可计算的边际概念的基础上评估知识的价值，导致买方企业对知识的真实价值是不清楚的，假如卖方企业向买方企业展示这种知识以使买方企业相信其价值，由于机会主义的存在，则存在使知识价值损失的风险，也就是说，对于卖方企业来说，存在着被买方企业无偿占有知识的风险。

③即使不存在机会主义，针对买方企业来说，知识的市场交易也是失灵的。知识的情景相关性和知识的路径依赖性，使得买方企业在没有相应的知识积累时，是很难完全复制到这种知识的，且复制过程是缓慢而不确定的，成本也非常高昂。从这个意义上讲，将企业特定的技术诀窍进行许可证安排通常是不可行的，因为这种技术诀窍的价值会被"损耗"。

由以上分析我们可以得出，一方面，企业具有知识资源要求尽快扩大知识使用的范围，提高企业知识的利用率，从而提高企业的知识投资收益；另一方面，知识在市场交易中，不但交易成本高昂，而且会因知识价值的损失而限制知识向其他企业的可转移性。因此，知识通过市场交易来提高其投资收益是不可取的。最好的方式是从事经营以保持和增强企业的动态能力，知识吸收、创造、整合导致了知识的转移（开发和利用），从而导致了企业的多元化扩张，将企业积累的知识运用于其他产品（业务）的生产过程中，既可以提高知识的利用率和知识的使用范围，又能克服市场失灵现象，从而最大化地增加企业的知识投资收益。

由此，可以认为基于知识的动态能力和知识市场的失灵是企业实行多元化发展的一个重要的内在动因。当然，我们并不否认企业实行多元化发展还存在着其他驱动力。

3.2.2　多元化的形成过程

1. 传统多元化的形成

大多数企业是在原有核心能力的基础上选择实施多元化战略的，其目

的是将企业原有的 VRIN 资源转化到新的市场中继续获得租金，但在传统
多元化战略模式实施过程中此过程不能顺利实现，如图 3 - 3。

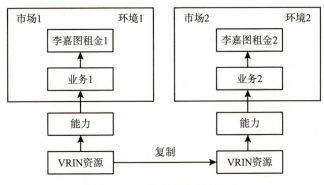

图 3 - 3　企业多元化成长过程

基于资源观点的核心能力是有价值的、稀少的、不可完全模仿的和不
可替换的资源和能力——VRIN 资源——是李嘉图租金和竞争优势的主要
来源。然而，基于资源的观点已经遭到了一些批判。普里姆和巴特勒
（Priem & Butler，2001）认为它本质上是一种静态理论，它在将随着时间
变化而构成竞争优势基础的资源和能力并入演变过程存在困难。蒂斯，皮
萨诺和苏安（Teece，Pisano & Shuen，1997）认为它认识到了但是没有解
释异质性的资源，也没有解释竞争优势持久隔离机制的性质。

在资源基础理论中，李嘉图租金是企业获利的主要来源，而资源选取
是企业获得李嘉图租金的主要机制。根据李嘉图的观点，企业绩效的异质
性源自其掌握资源的生产率的差异。

企业资源基础观观察一个企业多元化使其依靠自身的资源优势进入新
市场的能力。根据资源基础观，一个企业所拥有的宝贵、稀有、独特和难
以模仿的资源，如职业能力和专业技能，是一个企业追求范围经济的根本
决定因素。

普拉哈拉德和哈默尔（Prahalad & Hamel，1990）在案例研究的基础
上提出了核心能力的概念，拓展了资源基础理论的思路[191]。他们认为持
续竞争优势的来源在于组织内部价值链各环节的集体学习，从而培养出核
心能力，发展核心产品并创造出一系列最终产品。核心能力理论一度得到

73

了快速发展，然而其局限性也很快凸显出来。在动态复杂的环境中，传统的核心技术和资源由于其"相对粘性"而往往成为企业发展中的绊脚石。尤其是核心能力的路径依赖性使得企业难以发展适应新环境的能力，陷入"惯性陷阱"或"核心刚性"。因此，核心能力理论仍然无法指导企业在动态复杂环境下获取和保持竞争优势。

传统的多元化模式没有根据新市场的竞争和需求状况将企业核心能力转化为新的 VRIN 资产，而是将原市场中已形成的核心能力在新的市场环境中完全复制并进行推广，而新的市场特征与原有的核心能力存在的冲突以及消费者认知等其他因素使得原有的核心能力不能在新的市场中获得租金。

此外，传统多元化模式中，企业在新市场中所提供的产品是根据当前主流产品性能而设计的，与该市场竞争者产品没有区别，竞争者在该市场已形成的竞争优势、规模经济、品牌效应、顾客忠诚度等都将为多元化企业产品在新市场中的扩散设置障碍，多方原因的结果导致企业多元化业务亏损。

2. 基于动态能力的多元化形成

基于动态能力的多元化战略模式对传统多元化战略进行彻底的修正和改变，企业原有能力为了应对环境变化，通过知识吸收、创造、整合形成新的能力，设计并生产出与新市场相适应的产品，力图在新市场中建立新的消费趋势，以动摇新市场中各竞争者已经形成的稳固的市场地位，消除现有竞争者的竞争优势，如图 3 - 4 所示。

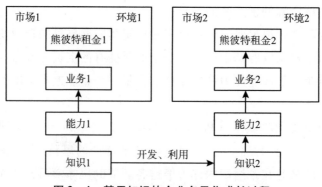

图 3 - 4 基于知识的企业多元化成长过程

资源基础观强调的是独特知识的发展和保护，而不是对随时间变化的资源或能力的需求。对于企业为何有不同的资源存储，早期的解释以幸运或信息优势为特点。之后，出于详细说明潜在资源的发展和分化的动态过程的需要，导致了动态能力的构建。

动态能力屡次被定位为基于资源的观点的一种延伸，它认为每一个组织具有不同的明确的资源和能力，这些不同证明了组织竞争地位和它们表现的变化。在这种意义上，它类似熊彼特的竞争理论，竞争优势是建立在现有资源的"创造性毁灭"和新的有用技能的"新颖组合"的基础之上。

资源基础理论对于新价值来源的发现、创造和商业化很少关注，而且根据熊彼特的观点，垄断很容易被创新所打破因而垄断租金是短暂的。

在这样的背景下，战略学者们逐渐将关注的焦点转向动态过程，尤其是企业资源和能力集合的持续性的获取、发展和保持上。蒂斯等（Teece et al.，1997）在综合其他学者的基础上，提出了"动态能力"的概念。他们将动态能力定义为"企业整合、建立和重构内部和外部竞争力以适应快变环境的能力"。其中"动态"强调更新能力以适应不断变化的业务环境，而"能力"则强调战略管理在适宜地构建、整合、重构内部和外部的组织技能、资源和职能能力中的作用。他们认为动态能力包括三个方面的内容：①组织和管理过程，即企业管理、技术和组织方面的惯例（Routine），具体包括协调与整合、重构和转变以及组织学习；②位势（Position），即企业当前所拥有的技术方面的禀赋、客户基数、与上游和供应商关系等资源存量；③路径（Paths），即企业可选的战略选择和未来发展机会。动态能力观已经开始将市场作为能力演进过程中的一个关键因素，即为了应对市场的变迁，企业就必须借助熊彼特创新精神，通过创新的过程改变资源的位势。

王和艾哈迈德（Wang & Ahmed，2007）提出市场动态是动态能力的主要影响因素[192]。市场动态包括技术创新、管制变革、经济周期和竞争变化。市场动态性越强，企业发展动态能力的意愿也越强。企业如何将动态能力作用于能力发展受企业战略的影响。动态能力作用于企业长期绩效，但这种作用关系是通过能力发展以及企业战略传递的。

德斯蒙德（Desmond，2007）提出一个多元化的概念模型[193]。借鉴彭罗斯（Penrose，1959）资源基础理论，不相关多元化被解释为一个组织在市场失灵的条件下发现新资源的应用，市场失灵是不完全市场的特点。这个模型的一个特点是能够比彭罗斯（1959）和其他现代资源基础理论解释更广泛的多元化战略。此外，他认为多元化战略对组织是有益的。

通过对国内外文献的研究，本书将动态能力定义为"企业吸收、创造和整合知识资源，通过知识的开发和利用，以适应快速变化的环境，增强企业获取和保持竞争优势的能力"。首先，明确了动态能力的知识属性，其基本构成要素是知识吸收、知识创造和知识整合能力；其次，由于知识所具有的路径依赖等属性，决定了企业所拥有的知识资源不能通过市场交换来体现其价值，即知识资源的市场失灵；最后，企业知识资源的价值体现只有通过在新业务中进行知识的开发和利用，即基于知识的多元化。也就是说企业知识资源的冗余、基于知识的动态能力会促进企业的业务多元化。

如果一个处于"平衡状态"的企业和一个通过生产和销售相同产品来维持盈利的组织它们有相同的规模并在一段时间内面对相同人数的消费者。在这一平稳过程中行使的能力是零级能力，即"我们现在如何谋生"的能力。如果没有这些能力，企业将无法从其客户处获得收入并投入再生产。相比之下，能改变产品、生产过程、规模或所服务的客户（市场）的能力则是动态能力。正如许多企业所实施的新产品的开发是动态能力典型的体现。

如果企业资源基础相似，那么，企业多元化战略来源于对其动态能力的掌握与控制。动态能力对于企业多元化有几个含义。第一个是关于企业知识利用（配置）。对于多元化企业，知识利用比专业化企业所要求的明显要更复杂。后者的知识利用相对狭窄且单一，而多元化企业所需的知识利用要求应对市场各种要求，需要新的市场反应的能力。这样的反应依赖于所拥有的多样的知识资源及其内部协同作用。总之，知识资源显著单一的企业将大大减少业务的协同作用。动态能力的第二个含义在于控制确保企业知识开发是随着市场持续的发展而变化的发展程序。

总之，企业多元化的动态能力观点强调拥有战略性衍生组织程序、制度和流程，使企业从多样的内外部来源获取、整合、重组知识。

　　资源基础观的局限性之一就是它不能解释一些企业能够对无法预知的
情况做出及时反应的方法和原因。在这些市场中，动态能力——特别是通
过技能的学习来获得知识资源的能力——的差异，对于竞争力的差别最具
有解释力。在不确定市场中，能够用以整合、建立、协调内外知识的动态
能力，成为企业核心竞争优势的来源。因此，如何发展动态能力使之能够
适应环境不断变化的要求是一项挑战，考验企业综合利用内部和外部知识
的能力。这两种知识之间不能够相互替代，而是互补的关系。

　　基于动态能力的多元化战略模式有效地解决了传统多元化战略过程中
企业核心能力、核心资源与新市场需求的不匹配问题，使企业竞争优势能
够有效地在新市场中得以表现和发挥。同时，基于动态能力的多元化战略
通过创新对市场原有竞争对手的破坏，使竞争者的竞争优势无法发挥，也
有效地消除了企业进入市场的相对劣势。

　　总之，基于动态能力的多元化战略模式在促进企业原有的竞争优势有
效地在转化到新市场中并通过核心知识转化为熊彼特租金的同时，通过建
立新的竞争规则有效地消除了新市场中竞争者的优势，使企业的多元化业
务获得良好的发展空间。

3.2.3　基于知识的多元化类型

　　为了确定企业多元化战略类型，并进一步弄清各种战略的适用范围及
其对企业经营绩效的影响，鲁梅尔特（Rumelt，1974）等学者对多元化企
业不同业务间的相互关系进行了深入分析，他还特地为企业开发了一个多
元化内在管理逻辑识别系统。

　　基于企业业务间的同（异）质性及各业务对销售收入的贡献，鲁梅尔
特认为企业的多元化战略可以分为十种类型。此模型针对性强，划分细
致，但容易受主观因素的影响。因此，为了追求可靠性，后来的研究者们
都仍然倾向于使用连续指标来测量业务间的相关性，并将战略类型划分为
相关多元化与不相关多元化两种。

　　企业进行多元化经营的动机应该是多种多样的，业务相似性只能反映

追求范围经济的一面，而对诸如分散财务风险、形成内部资本市场、获取新知识、谋取控制利益等动因则不能客观地予以反映，因此，如果仅仅以业务相似性为标准来划分多元化战略类型，则未免太过偏颇。在现有文献中，人们也会经常遇到由此产生的诸多问题。有的学者过分依赖业务间的资源相似性，而对企业的多元化动因缺乏深入分析；有的学者则根据业务间在资源上的异质性错误地认为企业的多元化动因是出于分散财务风险或构建内部资本市场。殊不知，由于内部资本市场意味着业务部门经营自主、公司总部只负责资源配置与绩效监督，因此资源异质性并不能成为内部资本市场存在的充分前提。为了分散财务风险，各业务在现金流上必须保持相互独立，尽量避免资金流出同时发生，因此资源异质性也并不能构成分散财务风险这一必然动因。

所以，无论是对相关性进行测量，还是对多元化战略进行划分，只要死抱住"相关或非相关"不放，忽视了多元化的内在动机，就难免会有偏颇之嫌。

一方面，从事战略管理研究的学者们习惯于利用资源相关性来描述多元化战略类型；另一方面，从事财务管理研究的学者们则习惯于利用业务数目来测量多元化程度，而战略类型并不是他们考察的主要对象，仅当进行相关与非相关绩效比较时才会派上用场。此外，一些学者认为多元化战略类型与多元化程度在理论上并无多大联系。他们声称，一个企业涉足多个业务领域（多元化程度）并不能明确界定它所采取的多元化战略类型，如主要—关联型、相关—制约型、相关—关联型、非相关型等，均可成为多元化经营的选择对象。

根据前文的文献分析，基于动态能力的企业多元化其核心资源是知识，是知识吸收、创造、整合能力的体现。知识是企业所有资源中最核心的部分，也是企业各种能力最根本的基础，是企业动态能力的主要构成因素。企业竞争优势的来源归根结底只能是知识以及由知识构成的动态能力。本书采用知识这个变量来定义多元化的不同类型，企业进入新的业务领域进行了知识利用，即企业将既有知识在不同业务间进行转移与共享以充分实现蕴含于其中的范围经济，则定义为基于复制的多元化；企业进入新的业务领域进行了知识开发，即企业进入新业务领域时获取了新的知识资源或竞争能力，则定义为基于创新的多元化。

因此，基于知识的多元化类型如下：

1. 基于复制的多元化

通过部署现有知识和能力进军新业务，是多元化的一种以复制为基础的过程。这种类型的多元化本质上是知识利用，这大概是多元化经营较安全的一种方式。为了保证多元化的成功，只需要核对在新的竞争环境中知识和能力的适应性。但是最完美的复制过程，没有任何扩张和膨胀，也就无法发展新的知识和能力。

2. 基于创新的多元化

企业进军新的业务要求创新知识，以新的补充已有的，并创新能力。这类多元化本质上是知识开发，这是多元化最通常的形式。很少有企业进军新业务需要精确的复制知识和能力；通常，在企业已经掌握的知识和能力与多元化所要求的知识和能力间存在着差距。

从长远的观点来看，企业多元化的全部过程不会在一种单一的多元化类型内发展。从一种动态的观点来看，多元化现实的模式可能遵循复杂的轨迹，由许多单一的多元化过程组合而成，每一种从属于一个单一的类别。公司多元化的总体轨迹如图 3 - 5 所示。

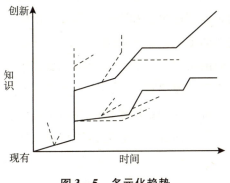

图 3 - 5　多元化趋势

多元化轨迹的动态观点明显的具有企业行为的连续性和一致性。一些决定性的轨迹可以在多元化所要求的新知识和能力的创造中被定义，它是随时间变化并具有连贯性和一致性。每一个分支代表了公司所采取的多元化的一种特殊趋势。决定性轨迹之外的分支代表了知识和能力的不连贯性积累，也就是说，对动态能力没有贡献的过程。在企业行为中探寻连续性和一致性，多元化机遇的分析应该聚焦于根据企业知识和能力的现状与新业务间的共同特质上。

3.3　多元化绩效分析

3.3.1　企业绩效的知识基础

企业可以被看作是能力的集合，作为一个能力集合系统，企业所拥有的能力并非都可以成为企业竞争优势的源泉，真正成为企业竞争优势取决于那些能够有效利用、开发企业内部资源的能力，即核心能力。核心能力是"组织中的积累性学识，特别是关于如何协调不同的生产技术和有机地结合多种技术源流的知识"，企业的核心能力作为其特有能力是非竞争性的、是难以替代的、是竞争对手很难模仿或购得的，它构成了企业竞争优势的直接基础。从这里不难看出企业核心能力的本质来源是知识，企业的核心知识能在帮助企业创造价值和降低成本方面比他们的竞争对手做得更好，即能够提高企业的绩效。企业间绩效上的差异是企业长期的经营发展过程中知识积累不同的结果，企业之间的核心知识差异是企业间竞争优势与绩效差异的根本原因，要提高企业绩效，关键在于吸收、创造、整合企业内部所特有的、高价值的和难以模仿的核心知识。企业核心知识是企业竞争优势与企业绩效提高的源泉。总之，核心知识是造成企业间经营绩效差异的根本原因。

莱昂纳多·巴顿（Leonar－Barton，1992）最早对核心能力刚性问题进行了研究[194]。他从企业技术创新的角度提出核心能力与核心刚性是一个硬币的两面，企业的核心能力与其研发活动相互作用，一方面可以增强企业研发活动，另一方面也可以阻碍企业研发活动，成为核心刚性。他认为核心能力刚性就是指阻碍核心能力作为企业持续竞争优势源泉的惯性系统。核心刚性本质上是核心知识的刚性，当一个企业经过多年的积累与培育逐渐形成其独特的核心知识，并且企业会竭尽全力去挖掘和充分利用企业现有的核心知识，而当竞争对手的行动策略、环境的变化以及新技术的出现可能会使企业精心培育和构筑起来的核心知识过时、不能适应环境的变化，企业的竞争优势就会丧失，但企业仍然会有意无意地回避、排斥新的核心知识的培育，形成核心刚性。这时，企业表现出倦怠，缺乏动力与进取精神；满足于已取得成功的产品或市场；因循守旧、怕冒风险，只相信过去成功的经验，极力地维护已有的核心知识。

由于核心刚性特征的存在，使得核心知识是一把"双刃剑"，一方面既在较长的时间内加强了企业的竞争优势、提高了企业经营绩效；另一方面，当已有的核心知识不再适合企业的环境与企业发展需求时，又会禁锢了企业的进一步发展、限制了企业经营绩效的提高，甚至促使了企业绩效的下降，成为企业没落的根源。可见，核心知识并非必然地可以为企业带来持续的竞争优势。

在这种背景下，蒂斯（Teece）提出了动态能力的概念。其中，"动态"一词是指组织因为外部环境变动，而拥有的更新的能力；当产业技术的变动速度较快或变动幅度较大时，未来市场竞争将充满更大的不确定性，这时，厂商的创新反应能力就显得极为重要。而"能力"一词则强调修正、整合及重新配置厂商组织内部与外部的技能、知识来配合环境变动需求的能力。因此，企业必须不断更新自身的核心知识、对能力进行适应性调整、整合、重置，使之能跟上环境不断变化的需要。动态能力是指公司吸收、创造、整合内部与外部知识以适应快速变化环境的能力，同时也是不断更新竞争优势的能力。因此，动态能力在企业培育其能力的同时，强调关注企业经营环境的变化，以便为企业创造竞争优势的知识与能力随着企业经营环境的变化而不断地提升、更新，是一种竞争优势"动态内生观"。

动态能力理论，秉承了熊彼特的创造性毁灭的思想，将焦点放在创新的开拓性能力上，认为企业只有通过动态能力使企业的核心知识不断创新，以开拓性动力克服核心知识中的惯性，才能获得可持续的竞争优势。

可以看出，核心知识帮助企业获得相对于竞争对手的竞争优势以及相对于竞争对手的高绩效，而动态能力通过促进不断地创新为企业的竞争优势提供了长期基础以及保持、不断提高企业经营绩效。因此，企业想要获得持续的竞争优势，不断提高的企业经营绩效，则需要从核心知识与动态能力两方面入手。

如果企业同时具有核心知识与动态能力，则企业能够通过持续地创新与变革不断地使企业核心知识获得跃迁和更新，使企业的核心知识避免其刚性特征的产生，持续地适应环境的变化，从而拥有持续的竞争优势，其经营绩效得以持续地提高，这一过程可以表示为图 3 - 6。相反，如果由于企业动态能力的缺乏，使得核心知识无法及时地实现跃迁与更新，或者即使进行了组织变革、核心知识的调整也仍然无法适应环境的变化，那么企业的核心知识就会逐渐衰退，最后企业竞争优势就会丧失，企业经营绩效就会持续衰退。

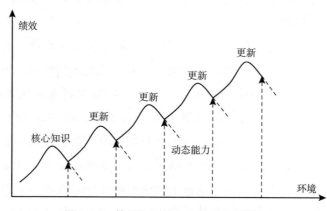

图 3 - 6　基于知识的企业绩效提升过程

通过以上对核心知识、核心刚性以及动态能力与企业绩效持续增长的关系可以看出，企业核心知识与动态能力共同影响了企业经营绩效。可以认为，企业经营绩效在一定程度上反映了企业的核心知识水平，同时，企业经营绩效的变化也集中反映了企业动态能力的高低。因此，通过对企业绩效的研究，有助于公司审视自身，清醒地认识到企业在行业中的位置，意识到与高绩效公司间的差距，以及公司间的取长补短等，切实提高经营绩效，更新核心知识与增强动态能力。

3.3.2　多元化协同效应分析

企业在某领域内经营相当一段时间后，一般都会形成诸如技术、知识、品牌等资源，彭罗斯（Penrose，1959）认为企业内部总会存在着未利用的资源，剩余资源的存在是效率的损失，企业有充分利用这些资源的动机。通过多元化，企业可以最大限度地充分使用这些资源。

企业不同的资源会导致不同类型的多元化战略。实物资源、外部资金和基于知识的资源可以促进企业的相关多元化，而内部资金则能推动无关多元化。当不同的业务分享共同的知识、技能或目标市场时，这些业务就是相关的，这使得范围经济成为可能。范围经济也源于不同业务共享有形或无形资源，生产多种产品和服务，降低总的联合生产成本。

基于知识的多元化主要目的就是通过利用潜在的范围经济而获得协同效应。基于知识的多元化可以通过共享无形资产如知识、品牌，制造多种产品。用经济学的观点看来，这些产生协同效应的机会源于对剩余资源的生产性利用。

企业实行多元化战略的主要目的之一是实现协同效应，假设企业在原有市场 1 的规模为 a_1，拥有知识资源 N 和能力 M，单位知识的内在价值为 n，$n(0) = n_0$，单位能力的内在价值为 f。知识 N 转化为能力 M 后，n 形成 f。企业实行多元化战略后进入市场 2，规模为 a_2。

各项业务中所利用知识 n 随着时间的推进会逐步刚性化而出现衰减，假设衰减系数为 k，$0 \leqslant k \leqslant 1$，则随着时间的变化单位知识在 t 时刻的内在价值为：

$$n_1(t) = n_0(1 - k)^t$$

由于能力是由知识转化而来的，设转化率为 e，则此时企业能力的内在价值 f_1 为：

$$f_1(t) = en_0(1 - k)^t$$

企业多元化的协同效应既有知识的协同，也有能力的协同，即企业原有的知识通过开发和利用在多元化市场得以应用，创造符合新市场环境特征的知识、能力才能够在新的多元化市场中产生持续租金。

设企业知识与新业务的兼容度为 p，$0 \leqslant p \leqslant 1$，则企业多元化战略的协同效应如下。

企业原有市场中，知识内在价值为：

$$n_1(t) = n_0(1-k)^t$$

原有市场所创造的持续租金价值为：

$$E_1 = a_1 f_1(t) = a_1 e n_0 \sum_{t=1}^{t} (1-k)^t = \frac{a_1 e n_0 \left[(1-k) - (1-k)^{t+1} \right]}{k}$$

$$(3-1)$$

新市场知识的内在价值为：

$$n_2(t) = p n_0 (1-k)^t$$

新市场能力的内在价值为：

$$f_2(t) = e p n_0 (1-k)^t$$

新市场中创造的持续租金价值为：

$$E_2 = a_2 f_2(t) = a_2 e p n_0 \sum_{t=1}^{t} (1-k)^t = \frac{a_2 e p n_0 \left[(1-k) - (1-k)^{t+1} \right]}{k}$$

$$(3-2)$$

多元化企业在两个市场产生的协同效应 E_{1+2} 是：

$$E_{1+2} = E_1 + E_2 = \frac{(a_1 e + a_2 e p) n_0 \left[(1-k) - (1-k)^{t+1} \right]}{k} \quad (3-3)$$

$$\frac{E_{1+2}}{E_1} = \frac{a_1 e + a_2 e p}{a_1 e} = 1 + \frac{a_2 p}{a_1} \quad (3-4)$$

由式（3-4）可知，协同效应的程度受多元化市场与原有市场规模的影响，同时知识与新业务的兼容度 p 也是影响协同效应的关键要素。

要实现 $1+1 > 2$ 的协同效应，则 $E_{1+2} > 2E_1$

$$\frac{E_{1+2}}{E_1} = 1 + \frac{a_2 p}{a_1} > 2，则 p > \frac{a_1}{a_2}$$

即，当兼容度 p 大于市场 1 与市场 2 规模之比时，企业多元化具有明显的协同效应。

3.3.3 多元化对绩效的影响

基于知识的多元化战略正是对企业核心知识的开发与利用，根据前文对企业多元化类型的界定，基于复制的多元化是对企业核心知识的利用，是一种重复使用过程；基于创新的多元化是对企业核心知识的开发，是一种知识更新过程。

较多的研究认为，有形资源或活动容易模仿和替代，不能为企业带来竞争优势，因此以有形资源和活动为基础的多元化不能促进企业的绩效。约翰和哈里森（John & Harrison，1999）根据多元化企业原材料、产品和过程技术、资源转换过程的相同程度把其生产相关性分为松散相关、紧密相关和无关三种级别，没有发现生产资源相关性能为企业带来良好的绩效[195]。塞莱什，维尔斯马和穆勒－施特文斯（Szeless，Wierseama & Muller－Stewens，2003）以熵值指数、集中度指数测量了企业有形资源相关性，发现有形资源相关性不能显著影响企业绩效[196]。戴维斯和托马斯（Davis & Thomas，1993）采用改进后的集中度指数测量美国45家制药企业的相关性，发现生产相关性不能产生协同效应。还有的学者从多元化市场进入检验相关性和业绩的关系。夏尔马和凯斯纳（Sharma & Kesner，1996）以新业务与原有业务的销售权重为标准测量了产品相关性，探讨产品相关性与市场进入后企业绩效的关系，发现相关多元化活动并不能显著积极影响企业的生存、销售增长及市场份额[197]。夏尔马（Sharma，1998）用简化的集中度指数测量业务相关性，发现多元化企业的相关性不能显著影响市场进入之后的业绩[198]。

无形资源（技能、知识）难以模仿，难以替代，能为企业带来竞争优势，因此，以无形资源（技能、知识）为基础的多元化才可以显著提高企业绩效。拉马斯瓦米（Ramaswamy，1997）从市场占有率、运营效率、营销活动、客户组合、风险倾向等方面评价了多元化业务战略特征的相似性，实证结果表明，具有战略特征相似性的多元化并购能为企业带来更好的业绩[199]。塞莱什，维尔斯马和穆勒－施特文斯（Szeless，Wierseama & Muller－Stewens，2003）以行业技术流欧氏空间距离测量了技术资源相关性，发现技术资源相关性能显著提高企业绩效。佩尔松（Pehrsson，2006）对瑞典 124 家制造企业的研究也表明，技术相关性能积极影响企业绩效[200]。

一些研究者发现，多元化业务中知识的匹配能为企业带来良好的效率与绩效。法尔容（Farjoun，1998）依据 SIC 代码测量了有形资源相关性，依据两个产业技能间欧氏空间距离评价了技能相关性，实证结果表明，有形资源和技能二者的相互作用能显著影响绩效。拉尔森和芬克尔斯坦（Larsson & Finkelstein，1999）在对 30 年间 61 起并购的分析中发现价值链活动相关性之间强的正向关系，资源的相关性、互补性都是协同效应的重要来源[201]。范里瓦迪和文卡特拉曼（Vanriverdi & Venkatraman，2005）测量了企业的产品知识相关性、顾客知识相关性和管理知识相关性，发现它们三者的匹配能显著地影响企业的财务绩效和市场价值。这些研究表明，多元化业务中不同类型的知识不仅是互补的，而且对实现潜在的范围经济来说也是必要的。

多元化提供利用范围经济或协同作用的机会，这将有助于改善企业的成本结构和提升边际利润，从而提升企业绩效。当企业向相关业务实施多元化时（存在潜在的协同作用），它们能够在不同业务之间共享一部分知识资源和服务，并且分摊成本，从而更有效地利用所获取的知识资源。传统多元化企业起协同作用的要素主要是有形资源和能力。而基于知识的多元化企业起协同作用的要素主要是核心知识和动态能力。

交易的内部化会产生效率，从而带来成本优势和提高企业绩效。由于多元化企业具有更大的规模，从而有能力在组织内部不同业务之间转移知识、培训职员，用自身的内部劳动力市场来服务于企业。当企业实施多元化战略，将许多外部市场交易活动内部化，则可以对外部市场发挥着补充和替代功能。

米勒等（Miller et al.，2008）研究发现在一个多元化经营的企业内，在不同的业务部门之间的知识探索与传递能够培育创新。利用 1985 ~ 1990 年 1644 家公司的 211636 个专利样本数据，他们发现业务部门间知识利用对创新，对重大技术发展及绩效的影响有正面的作用。另外，他们还发现这种作用要比利用部门内或企业外知识的作用更强。他们的实证发现对于多元化经营企业的知识管理有着重大影响。

埃里克和保罗（Erik & Paul，2008）认为企业在动态能力方面的差异引起了它们在多元化方面的差异。为了检验该命题，他们分析了 254 家为挪威的小企业提供服务的会计事务所需要的关键动态能力，包括其人力资本的异质性，内部发展程序及互补性服务提供者之间的联盟。同时还分析了业务定位及其潜在战略目的对战略选择的影响。他们发现动态能力对多元化业务的规模有明显的影响。

总结以往多元化与绩效关系研究，可以得出以下三条结论：第一，基于有形资源的多元化难以提高企业的绩效。因为有形资源容易被模仿、替代，不能成为竞争优势的基础，有形资源相关性也就不能使多元化企业产生良好绩效。第二，基于知识资源的多元化能为企业提升绩效，带来竞争优势。由于知识资源和动态能力是企业持续竞争优势的基础，以这些资源为基础的多元化自然也能为企业带来良好绩效。第三，企业多元化业务所开发和利用的知识资源有多种类型，不同类型知识的匹配能产生较好的效率与业绩提升。

3.4　动态能力对多元化的影响分析

3.4.1　动态能力对多元化的影响

动态能力理论认为企业只有通过创造性地整合、构建和重构资源，获取基于创新的经济租金即熊彼特租金，才能在快速变化的环境中获得竞争优势。知识观理论认为，企业是具有异质性的知识体，企业能力本质上是知识的整合，企业的竞争优势源于对知识的创造、存储及应用。近些年来，动态能力学派的学者也逐渐开始强调知识是最具战略价值的核心资源，动态能力存在于对知识的获取、吸收、创造、整合、重构等一系列管理过程中（Prieto & Easterby‐Smith，2006）[202]。基于上述思想，本书提出了基于知识的动态能力概念，认为企业吸收、创造和整合知识资源，通过知识开发和利用，以适应快速变化的环境是动态环境下企业多元化的动因。

大多数现有研究认为，动态能力通过其针对的企业多元化的选择而间接作用于企业绩效（Prieto，2008）。企业多元化类型包括基于复制的多元化、基于创新的多元化。

企业不可能拥有所需要的一切关键知识资源，研发突破所需要的智力和科学技能往往超出了任何单个组织的能力范围。尤其在创新压力较大的情况下，企业不能仅仅依赖自身的知识而进行创新（Kessler et al.，2007）[203]。成功的企业往往通过吸收并在新产品开发中应用外部知识而持续地站在创新的最前沿。不断地从外部吸收知识对企业的创新有着显著的推动作用，有助于绩效的提高。

知识吸收能力促进企业基于创新的多元化的机理可以从以下几个方面分析。

首先，企业可以从外部知识源，特别是客户和供应商处获取关于创新的创意，从而发现更多的创新契机，为创新的顺利进行创造良好的开端。科贝格等（Koberg et al.，1996）就指出，大量的创新实际上都始于对外部知识的获取[204]。

其次，企业可以通过技术转让、专利许可、企业购并等形式直接从外部获取所需知识，从而突破自身资源瓶颈束缚，解决创新中的技术问题，提高创新成功率，加快创新速度（Yli - Renko et al.，2001）[205]。

最后，为了顺利实现创新，即将创意和发明转化为产品并成功地扩散，企业必须对潜在市场现状和趋势有着深刻的认识。若缺少关于潜在市场的知识，企业很可能会在产品创新上白白浪费资源。市场导向领域的研究表明，客户和竞争对手可以成为企业获取知识的重要来源（Narver，Slater，& MacLachlan，2004）[206]。

此外，还有学者认为从客户处获取知识有助于增强企业创新的意愿，获取外部知识还避免了组织只在某个路径上积累知识而导致的创新能力刚性的问题。现有文献中的实证研究，亨德森和寇克布姆（Henderson & Coekbum，1994）对美国制药业的研究以及劳尔森和索尔特（Laursen & Salter，2004）对英国制造业的研究，也证明了外部知识获取对于创新的促进作用[207][208]。根据上述理论分析，我们提出如下假设：

假设 1：知识吸收能力对基于创新的多元化有显著的正向影响。

假设 2：知识吸收能力对基于复制的多元化有显著的负向影响。

尽管企业可以从外部吸收创新所需的部分知识，然而通过内部学习获取新知识对基于创新的多元化而言仍然是必不可少的。

首先，创新所需的大量知识难以从外部获得。例如许多技术、制造和管理方面的隐性知识很难被编码，因而难以在企业外部找到现成的知识，必须通过自身的"干中学"掌握和积累。而创新中的关键性知识往往被其所有企业视为竞争优势的来源而倍加保护，因而几乎不可能从市场上获得。例如联想以 17.5 亿美元收购了 IBM 的 PC 业务。但此前，IBM 已将它在深圳的合资工厂中技术含量较高的服务器部分剥离，另与长城成立由它控股 80% 的服务器公司。这样，卖给联想的工厂只剩下 PC 制造部分的一般技术。这说明，17.5 亿美元的高昂代价仍是买不到高技术的，更不用说核心技术了。吉本斯和庄士敦（Gibbons & Johnston，1974）的研究也表明，在企业创新所需的新知识中，1/3 可以从外部进行吸收，其余 2/3 来源于企业内部[209]。

其次，即便具备获得外部知识的可能，仅仅依靠外部知识源也无法支撑创新能力和绩效的持续提升，甚至会给企业造成严重隐患。哈罗 - 多明戈斯等（Haro - Dominguez et al.，2007）通过实证研究发现，对外部技术的依赖会增加成本失控的风险，并影响运营的灵活性，而内部技术开发对于绩效的影响比外部技术获取对绩效的影响更为明显[210]。许多发展中国家企业都寄希望于通过引进国外技术提升自身竞争力，然而却不断地掉入"落后—引进—再落后—再引进"的"追赶陷阱"，自身创新能力并没有实质性的增强，持续竞争优势更无从谈起。

企业自身的知识创造能力对于其创新的重要影响不仅体现在通过获得创新所需而又难以从外部获得的隐性或关键性的知识，从而直接地提升绩效，而且还体现在通过增强知识基础，提高对所获取的外部知识的消化和吸收，从而间接地提升绩效。科亨和利文索尔（Cohen & Levinthal，1990）认为，企业内部研发投入起到两重作用：其一是为企业提供新的或者改进的技术与创新；其二是为企业提供对外部环境不断出现的相关知识的吸收能力[211]。类似地，罗森伯格（Rosenberg，1990）也认为，企业内部基础研究能力对于监控和评估外部开展的相关研究以及整合外部知识是不可或缺的，因此许多大企业坚持在基础研究上进行投入，尽管这些投入对于直接产出没有价值或者仅有非常小的价值[212]。同样，对于市场、制造和管理等其他方面的知识而言，若不通过自身实践在企业特定情景中逐步积累，则无法真正理解和掌握获取的外部知识，更无法将其有效地运用到创新活动中去。根据上述理论分析，我们提出如下假设：

假设3：知识创造能力对基于创新的多元化有显著的正向影响。

假设4：知识创造能力对基于复制的多元化有显著的负向影响。

知识整合能力对基于创新的多元化的重要性可以从不同类型的知识整合出发进行分析。

首先，当前许多创新中需要使用来自众多不同领域的特殊知识（Eisenhardt & Brown，1998）[213]。尤其在高技术领域，产品日趋复杂，包涵的技术子系统数量越来越多，产品本身往往需要与技术平台相匹配，并兼容多种具有不同技术能力的技术标准。

在这样的情况下，是否能够整合不同领域甚至是跨越不同行业的知识对于企业的绩效有着重大的影响。日本企业正是成功地整合了光学和电子学知识，在光电子这一新兴领域中推出了大量新技术和产品，成为行业的领导者（Miyazaki，1994）[214]。

其次，创新的实现不仅需要技术知识，也需要市场、制造和设计等互补性知识，这些知识往往分布在企业不同职能部门之中。因此整合这些不同职能部门掌握的知识对于创新极为重要。不少学者强调市场营销部门与研发部门间的知识整合对于理解客户需求、确定产品开发目标和发现改进潜力至关重要。还有一些学者认为在创新中应重视制造知识与其他知识的整合（Olson et al.，2001）。

最后，由于许多创新活动所需知识分散在不同企业，因此整合企业自身与产业链中其他主体的知识对创新有着极大的促进作用。在这方面最普遍的例子是将供应商和客户整合入新产品研发活动之中。通过整合供应商，企业可以在元器件选购、产品定型、质量改进、减少元器件数量、降低成本和加快进入市场等诸多方面受益（Toni et al.，1999）。例如，在美国军用飞机工业中，75% 的供应商参与了产品主要元器件的早期的设计和开发。类似地，用户在产品开发中的早期介入可以避免在测试和使用之后再对产品进行大的修改甚至重新设计和开发带来的损失。波音公司在 747 飞机的研制中就吸收了泛美航空公司的工程师、导航员和机组人员参加，以确保所设计飞机的功能尽可能齐全并非常舒适。

实际上，众多学者都认为创新是知识元素系统化重组的产物（Fleming，1999），因而知识整合能力对创新的影响也就不言而喻。根据上述理论分析，我们提出如下假设：

假设 5：知识整合能力对基于创新的多元化有显著的正向影响。

假设 6：知识整合能力对基于复制的多元化有显著的负向影响。

知识整合中涉及的知识或是来自企业内部或是来自企业外部（Zahra et al.，1999），因此可以推断企业的外部知识吸收能力和内部知识创造能力对知识整合能力有着显著的影响。外部知识吸收能力越强，则意味着企业得到的外部知识越充足越多样；内部知识创造能力越强，则意味着企业知识基础越雄厚越扎实。这两种能力越强都意味着企业发现知识整合机会的可能性越高，可供企业进行整合的知识资源越丰富，实现知识整合也越有把握。综上所述，我们提出如下假设：

假设 7：知识吸收能力对知识整合能力有显著的正向影响。

假设 8：知识创造能力对知识整合能力有显著的正向影响。

综合假设 1 ~ 8，可以认为知识整合能力在知识吸收能力和知识创造能力对基于创新的多元化的影响中起部分中介作用。

此外，尽管作用和形式不同，但外部知识吸收和内部知识创造之间并不是相互矛盾、彼此替代的关系。有不少学者指出并用实证研究证明它们是可以并存且互补的。而且有研究表明，外部知识吸收对于内部知识创造有促进作用。沃格莱尔斯（Veugelers，1997）发现，外部技术的获取会刺激内部研发的投入[215]。

从学习和创新过程的角度更容易理解知识吸收能力对于知识创造能力的影响。对外部知识的获取往往是内部知识创造的先决条件。特别对于发展中国家的后发企业而言，由于知识基础的薄弱，对外部知识的获取能力成为提升自身创新能力的重要途径。尽管关于阶段划分的具体表述有所不同，如"引进—吸收—改进"、"模仿创新—创造性模仿—改进型创新—后二次创新"、"技术模仿—技术消化吸收—自主创新"（吴晓波，1995）等，但现有研究基本上都将知识吸收作为后发企业技术能力演化的起点，认为知识吸收能力水平对于其自主创新或知识创造能力有关键性的影响[216]。基于上述分析，我们提出如下假设：

假设9：知识吸收能力对知识创造能力有显著的正向影响。

3.4.2 动态能力对多元化绩效的影响

玛驰（March，1991）认为，组织学习活动包括知识开发（Exploration）与知识利用（Exploitation）两种，前者意指获取新的知识或竞争力，而后者则指对已有知识或竞争力的充分利用[217]。在组织学习理论中，二者间的权衡主要体现在完善现有技术与发明新技术上。很明显，开发新技术会延缓现有技术的改进与完善，而完善现有技术又会阻碍发明或创新。

企业的多元化过程既是一个充分利用已有知识和竞争力的过程（Silverman，1999），也是一个创新知识和竞争力的过程。借鉴企业行为适应理论，一些学者就学习对企业多元化战略绩效的影响问题进行了经验研究，任何企业的学习行为均在两种意图中体现得淋漓尽致：创新与利用。企业进行多元化经营的目的，一方面是为了通过资源共享或内部知识转移来提高现有竞争力的利用效率（基于复制的多元化）；另一方面是为了进入不同业务领域来获取新的知识与竞争力（基于创新的多元化）。

卡斯塔内（Castaner，2002）按照企业创新与企业利用的不同组合，把企业的学习战略分为四类，即不学习型战略、创新型学习战略、利用型学习战略和混合型学习战略，并进一步假定在静态环境中利用型学习战略（基于复制的多元化）有利于提高经营的业绩，而创新型学习战略则相反；在动态环境中创新型学习战略（基于创新的多元化）有利于提高经营的业绩，而利用型学习战略则相反[218]。

沃纳菲尔特（Wernerfelt，1984）认为多元化企业除了要充分利用已有资源外，还需开发新的独占资源。尽管已有战略资源是进入新业务领域的基础，但要想取得多元化经营的最终成功则还需开发新资源。

多元化理论已逐渐认识到了两种不同学习活动之间的区别与联系（Levinthal and March，1993）：一种是对已有制度的发展与提炼，以提高已有业务的绩效水平（基于复制的多元化）；另一种是追求与已有知识并无多大关联的新知识，以获得执行已有业务的新能力（基于创新的多元化）[219]。

对任何企业而言，尽管其知识载体如机器、技术人员、管理人员等是有限的，但它真实的知识存量却并不会随着生产、经营过程的推进而消耗殆尽，反而会逐渐增加。无论如何调整生产或服务规模，知识冗余都是一个不可改变的事实。根据交易成本理论，由于知识的准公共产品特性以及模糊性和不完全可分割性，其冗余部分所具有的潜在价值是不可能通过市场机制来得以充分实现的。另外，知识开发理论与实践也证明知识只有通过在不同个人、业务及组织间的转移与共享才能得到充分利用，为知识的进一步开发提供基础。作为企业一项重要的战略性资源，各种知识之间是存在着范围经济的。因此，多元化经营往往是企业充分利用其知识存量的最佳选择。

经营是手段而不是目的，企业的真正意图在于通过生产经营活动将各种资源进行有效组织，形成具有一定使用价值的商品或商品组合，从收入与成本的差值中获取利润。多元化作为一种具体的经营形式，其根本目的也在于将冗余知识转化成企业所追逐的利润。从多元化经营的具体过程来看，无论是生产新产品还是进入新市场，都发生已有知识在新环境中的利用，也都体现已有知识在不同业务之间的转移与共享。共享的对象既可以是技术诀窍、市场信息，也可以是活动程序、规章制度，还可能是对外部政策、法律和文化等的了解。如果没有足够的知识积累，没有可用于转移与共享的知识冗余，企业是不可能进行多元化经营的。虽然一些知识缺口可以在多元化过程中得以弥补，但对新知识的开发必须建立在一定的知识积累基础之上，否则，开发新知识根本就迈不出第一步。由此可见，知识利用既是多元化活动中一个不可或缺的组成部分，同时也是企业进行多元化经营的基本前提，没有它多元化是不可能进行的，更是不可能成功的。

根据上述分析，在其他条件相同的情况下，适度多元化在绩效上将优于专业化；多元化程度也不是越高越好，毕竟知识冗余在一定时期内是缺乏弹性的，换言之，它是企业知识长期积累的结果，具有路径依赖性和演化特征，要想在短期内实现其量的扩张实属不易，因此，超过一定程度后企业绩效会不升反降。事实上，帕科希等（Palich et al.，2000）的元分析（Meta-analysis）结果也证明了多元化程度与企业绩效之间存在着非线性关系：适度的多元化经营在绩效上既优于专业化经营，也优于高度多元化经营。不过，这并不意味着相关多元化在绩效上优于不相关多元化，因为多元化程度与多元化方向是两个完全不同的概念。

上述分析是从逻辑角度对知识利用与多元化关系的探讨，接下来将从知识利用的利益与成本两个层面来讨论基于复制的多元化与绩效之间的关系。

在具备相当动态能力的条件下，基于复制的多元化可以通过对现有知识或竞争力的充分利用而提高企业绩效。更确切地讲，现有知识在不同业务间的转移与共享能够为企业带来范围经济。蒂斯（Teece，1980）认为当知识交易面临市场失灵时，企业通过业务活动内部化来对其进行转移与充分利用是合理的。通过在不同业务间进行研发、生产、后勤、市场营销、财务、行政等活动的共享，企业会获得效率与收入提升的双重利益。

另外，通过现有知识或竞争力在不同业务间的配置，企业不仅会逐渐把握看似相关的业务活动在资源配置方面的真实需求，而且能逐渐认识到其现有知识资源的最优配置方式，从而为后续多元化决策提供借鉴（Chang，1996），但这也必须以较强的动态能力为前提[220]。

总之，如果动态能力较强，通过内部转移与共享以充分挖掘现有知识或竞争力的价值，基于复制的多元化能够在短期内为企业带来效率提高与收入增加的双重利益。根据上述理论分析，我们提出如下假设：

假设10：在动态能力较强的情况下，基于复制的多元化与企业业绩正相关。

假设11：在动态能力较强的情况下，基于复制的多元化与企业效率正相关。

饱和限制源于企业对现有知识或竞争能力的过度使用（Penrose，1959），它可能会减少甚至完全抵消知识利用带来的好处。在一定时期内如果动态能力是有限的，企业在知识利用过程中就可能会使拥有这些关键知识的核心人员处于满负荷运转状态，甚至还会超出其承受能力，从而将所有共享该关键知识的业务置于危险境地。

存在饱和限制的根本原因在于企业的动态能力在短期内缺乏弹性。动态能力是企业知识长期积累的结果，具有路径依赖性和演化特征，因此，要想在一定时期内实现其量的扩张实属不易。动态能力在本质上是具有企业专有性的，企业不可能通过市场购买或引入新成员等方式而一蹴而就。因此，在短期内，如果企业的动态能力较弱，则知识利用给企业带来的利益会随着知识利用程度的不断提高而减少，直至完全抵消知识利用可能带来的所有潜在利益。根据上述理论分析，我们提出如下假设：

假设 12：在动态能力较弱的情况下，基于复制的多元化与企业业绩负相关。

假设 13：在动态能力较弱的情况下，基于复制的多元化与企业效率负相关。

在多元化研究领域，一些文献也指出相关多元化在绩效上明显优于专业化和不相关多元化，并将其原因归结为范围经济。莫克尔和杨（Morck and Yeung，2002）特别指出，那些拥有大量无形资产并通过相关多元化进行充分利用的企业在绩效上明显优于另一些虽然同样拥有大量无形资产却进行着专业化或不相关多元化经营的企业[221]。

诚然，知识利用是企业进入新业务领域的基础，可以在一定程度上降低进入壁垒，但这并不是成功进行多元化经营的全部。企业进入新业务领域后，至少有两个问题需要面对：一是怎样在与既有企业的竞争中胜出，二是如何提高进入壁垒。如果这两个问题得不到圆满解决，企业在进入之初所具备的相对优势很快就会消亡。因此，仅仅依靠知识利用的多元化是很难持续下去的，成功的多元化经营还必须得到知识开发的强有力支撑。知识开发作为一种促进企业变革其竞争力组合的重要机制，其作用主要体现在三个方面：一是利于已有知识得到更充分的利用，二是对知识利用取得的成果加以保护，三是为形成竞争优势获取新的战略资源。另一方面，从认知论的角度来讲，新知识的增长取决于问题域的扩展，正如波普尔（Popper，1956）所指出，"科学和知识的增长总是始于问题和终结于问题"，即随着新问题域的不断增加伴随着的是新知识的持续增长。从某种意义上说，多元化过程就是一个不断发现新问题并加以解决的过程。由此可见，不仅多元化只有通过不断获取新知识才能取得成功，而且新知识也只有在多元化过程中才能得以快速获取。

进入新业务领域后，企业必然会遇到一些以前未曾遇到过的问题，而通常情形下这些问题是不能完全借助已有知识来解决的。因此，企业必须主动地、有选择地去获取新知识。由于知识的模糊性、贯通性和不完全可分割性，在发现问题、分析问题、解决问题的过程中，企业必然还会"额外地"获得大量衍生知识。尽管从掌握时间与程度上看，已有知识与新获取的知识之间存在着先后之别、生疏之分，但由于吸收过程中的自选择性以及两种知识间的继承性和互补性，在知识系统内部它们却是有机结合在一起的。从企业角度看，知识开发在本质上属于创新范畴，它的重要功能之一便是增加整个知识系统的基础知识存量。当知识在人的脑子里积累到一定程度，人脑对已吸收的知识进行连接、渗透、组合、贯通、演化，再生出新知识（王治平，郑其绪，2002）[222]。

基于创新的多元化成功与否直接关系到企业绩效的优劣。大量经验研究表明，企业在多元化过程中的 R&D 支出密度与企业绩效正相关。这正好从一个侧面反映了知识开发对多元化的重要作用。尽管有关研究表明不相关多元化程度与多元化绩效负相关，但这并不能作为反驳知识开发的证据。虽然不相关业务领域的学习机会要比相关领域多得多，但机会毕竟只代表可能性，实际学习效果还得取决于知识开发的难易程度。如果既有业务与新业务的差异太大，不仅会增加创新的难度，而且还会因为两种知识间缺乏互补性而降低知识再生率。因此，这恰恰从另一个侧面证实了多元化经营需要获取新专长。另外，还有一些经验研究也证实，无论是技术方面还是产品方面，企业多元化范围都已经超出了短期利益的驱动，而是服务于一种更长期的、带有明确目的的知识开发活动（Breschi，Lissom and Malerba，2003）[223]。

同样，上述分析也是从逻辑角度对知识开发与多元化关系的探讨，接下来将从学习收益与成本角度对基于创新的多元化与绩效之间的关系进行讨论。

无论是通过内部开发，还是通过外部并购，知识开发均是一个不折不扣的学习过程。在开始阶段，企业高层管理团队面临着巨大的知识缺口。从对知识开发的定义就可以看出，他们此时并不完全了解企业所要开展的新业务到底是什么样子。随着时间的推移，他们会逐渐认识到决定业务成败的各种潜在因素及其作用机理，从而学会如何对新业务进行经营和管理。当管理者彻底掌握其中的诀窍之后，该试验过程结束，从中学到的新知识和经验便会慢慢地向其他业务领域扩散。

如前所述，知识开发的作用不仅在于学习经营新业务所必需的新知识，为企业寻找和建立新的利润点，而且还在于借助新知识来充分实现蕴含于现有知识中的范围经济，并对既得多元化利益予以保护。其实，进入新业务领域不仅可以学到新的技术、生产和营销等知识，而且还有助于企业高层管理团队适时调整其主导逻辑，避免陷入僵化，尤其是当新旧业务间存在战略性差异时（Stimpert & Duhaime，1997）[224]。随着既有逻辑的调整或新逻辑的形成，管理者便可以从不同角度来审视现有业务，甚至对其进行重新界定。

新业务领域尽管为学习新知识提供了许多机会，但经营者对企业是否一定具备理解、吸收与整合这些知识的能力却心里没底。加之企业如果在前期缺乏相关知识储备，要将这些机会变成现实的确不是一件容易的事。

因此，企业在进入新业务领域时面临着巨大的风险。正是在这种压力下，管理者在选择目标业务时只会关注那些具有良好获利前景的领域，并且在实施过程中事必求精，小心谨慎，将犯错误的概率降到最低。高（系统）风险带来高回报。二者之间虽然不存在严密的因果逻辑，却是相互选择的必然结果。根据上述理论分析，我们提出如下假设：

假设 14：在动态能力较强的情况下，基于创新的多元化与企业业绩正相关。

假设 15：在动态能力较强的情况下，基于创新的多元化与企业效率正相关。

在知识开发过程中，企业需要面临新的经营环境，学习新的知识或竞争能力，因此，动态能力消耗率要比知识利用高得多。如果企业缺乏足够的动态能力，不仅在学习新知识的过程中倍感吃力，并且知识的融合和创新活动也难以有效开展。即使企业竭尽全力能够在某些方面突破进入壁垒，并取得一点成绩，但由于缺乏后劲而根本享受不到学习曲线或经验曲线所带来的好处。在此情形下，如果企业强行追求知识开发的力度，其结果必然会以牺牲效率为代价。

有限的动态能力不仅意味着企业缺乏相关知识基础，即可以充分利用的既有知识的不足和蕴含于其中的范围经济的匮乏，而且，在此情形下加大知识开发力度必然会影响企业进行知识利用的投入，从而使本已十分有限的范围经济难以充分实现。另外，面对新的经营环境，一些原本可以充分利用的知识资源也将变得毫无价值。

另外，虽然知识开发可以为企业带来巩固既有竞争能力或形成新的利润点的机会，但如果缺乏足够的动态能力，则会加大企业的多元化风险。由于这种风险不是源于产业本身特征，因此，不仅高风险带来高收益的关系在此不能成立（Robins & Wiersema，2002），而且该风险一旦凸显出来，决策者就会利用多元化经营所形成的内部资本市场的便利增加投入，结果导致投资收益率和企业绩效的进一步下降[225]。

由此可见，在动态能力较弱的情况下，基于创新的多元化并不能为企业带来好处，"高风险，高收益"的多元化行为此时所体现的是高风险，反而会降低企业的盈利能力。根据边际收益递减原理，在此情形下，知识开发的程度越高，其所需的边际成本就会越来越大，而由此产生的边际收益却越来越小。实践经验也表明，一些多元化本已做得很好的企业一旦贸然进入新的业务领域便遭遇绩效下滑，其原因就在于：进入新业务领域虽然可以带来学习新知识或竞争能力的机会，但如果企业缺乏进行吸收、整合并成功运用于商业实践所需的动态能力，则企业在此方面的投资注定要失败，并且投入愈多，损失愈大。根据上述理论分析，我们提出如下假设：

假设16：在动态能力较弱的情况下，基于创新的多元化与企业业绩负相关。

假设17：在动态能力较弱的情况下，基于创新的多元化与企业效率负相关。

在一定时期内企业资源缺乏弹性，难以充分满足各种生产、经营活动的需要，因此，知识开发与知识利用会为争夺有限的资源而展开竞争；二者在成本与收益的时间和空间分布上不一致，知识开发利于长期，而知识利用利于短期，因此可能在经营目标方面导致冲突。

虽然企业中总会存在一些冗余资源，但并不意味着所有资源都有冗余，并且各种冗余资源在丰裕程度上也不尽相同。一旦企业基于某些资源冗余而进行多元化经营，则原本就不丰富的一些资源就会成为瓶颈，甚至原先冗余的资源也可能变得短缺。因此，企业的资源总是有限的，资源短缺与资源冗余的共存和动态均衡是任何企业中都存在的。知识利用主要是对现有技术（制度）的发展与提炼，以提高已有业务的绩效水平；知识开发是追求与已有知识并无多大关联的新知识，以获得执行已有业务或新业务的新能力。因此，作为两种不同的学习活动，尤其是因为在功能上差异，二者必然会为争夺有限的资源而展开竞争。尽管由于活动本身的差异二者之间在所需资源类型与数量上会有所不同，但同为学习活动二者之间肯定会在诸多资源配置上产生矛盾——充分满足知识利用的需要则会限制知识开发活动的全面开展，而充分满足知识开发的需要则会限制知识利用活动的有效深入。

由于在对企业内外部环境的熟悉程度、知识熟练程度以及风险处理能力等方面的差异，知识利用的决策成本低，可预测性强，稳定性高，而知识开发的决策成本高，可预测性弱，稳定性差。玛驰（March，1991）认为，虽然二者在投资回报上均服从正态分布，但前者的均值较高，标准方差也较大，而后者的均值较低，标准方差也较小。偏重于知识利用的学习虽然可以提高个体的学习效率，但却不利于组织自身的学习，从长期来看这无异于一种自杀行为。换言之，知识开发属于成长战略范畴，而知识利用则属于收获战略范畴。根据上述理论分析，我们提出如下假设：

假设 18：在动态能力较强的情况下，基于创新的多元化比基于复制的多元化对企业绩效的贡献更大。

假设 19：在动态能力较弱的情况下，基于复制的多元化比基于创新的多元化对企业绩效的贡献更大。

3.5 小　结

本章分析了企业多元化战略，从知识观的角度分析了企业多元化的内在动因。从知识及其基本属性入手，对企业实行多元化战略的内在的知识动因进行了分析。一方面，企业知识资源的相对过剩要求企业扩大知识使用的范围，提高企业知识的利用率，从而提高企业知识的投资收益；另一方面，知识的内在属性决定了知识在市场交易中，很难在不损失其价值的情况下进行转移，因此，通过市场交易来提高知识的投资收益是不可取的。而实行多元化战略，将在某一领域积累的知识应用于其他领域，既可以提高知识的利用率，又可以克服市场失效问题，从而最终增加企业知识的投资收益。提出了基于知识的多元化形成过程，在此基础上根据知识开发与知识利用对多元化进行了分类。

然后，本章分析了企业绩效的知识基础，指出协同效应是企业多元化的主要目的，通过协同企业能减少投入，增加产出，从而提高企业绩效。此外，分析了基于知识的动态能力多元化的影响；并提出了相关假设。

第4章

动态能力构成与维度的实证研究

　　动态能力难以测度的问题给动态能力研究的深入带来很大不便，造成许多理论观点始终停留在假设阶段而未得到检验，也阻碍了动态能力与其他管理要素之间关系机制的探索。对动态能力进行测度也是本书其后章节中关于动态能力与多元化、企业绩效关系等问题研究的基本前提。因此，本章将在动态能力概念及构成要素等理论问题讨论的基础上，提出动态能力的测度量表，并通过进一步的实证研究进行验证。

4.1　动态能力测量模型

　　本书以动态能力、多元化为主要研究对象，围绕动态能力与多元化的关系、动态能力对多元化绩效的影响进行研究，通过理论分析构建了动态能力测量模型（如图 4 - 1 所示），阐释了知识吸收、知识创造、知识整合能力与动态能力的内在联系。

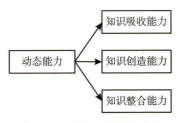

图 4 - 1　动态能力测量模型

在接下来的实证分析中，本书将对上述各因素的信度和效度进行验证，拟通过数理检验进一步明晰基于知识的动态能力与知识吸收、知识创造、知识整合能力之间的关系。

4.2 研究方法

4.2.1 数据收集

本书属于企业层面研究，所需数据无法从公开资料中获得，因此数据收集采用问卷调查的方式，这种方法具有简便、灵活的优点，最重要的是能够获得详实可靠的一手资料。在问卷设计原则和可靠性方面，荣泰生（2005）认为好的问卷设计必须要遵循以下几个原则：①问卷的内容必须与研究的概念框架相呼应；②问卷中的题项必须是使问卷填写者容易回答；③尽量不问个人隐私问题（如收入、年龄等）；④前面的问题不要影响对后续问题的回答；⑤问卷设计过程中，必须确定哪些是开放式问题，哪些是封闭式问题；⑥在正式调查之前应经过预测试过程。

本书在考虑这些设计原则的基础上，问卷的具体设计过程如下：

第一，研读大量的国内外文献，并寻找与测量变量相关的量表，为变量的测量奠定基础。阅读了大量有关企业动态能力、企业知识和多元化的相关文献，通过整理和借鉴相关重要文献，并结合中国企业的特点形成各测量变量的初步测量题项。

第二，学术团队讨论，企业实地访谈，形成初始量表。首先在由博士、硕士研究生组成的学术讨论会上，对测量题项的形式和合理性等方面进行讨论；其次对企业界的中高层管理者进行访谈，根据他们的经验，对某些变量的条款进行修改和补充；最后以相关测量文献为基础，并参考小组讨论和企业访谈的建议，对量表语句的歧义和表达逻辑的不合理之处进行修改，以尽量排除题项难以理解或所表达的意思不够明确的可能性，从而形成初始量表。

第三，小样本预测试。对初始量表进行小规模预测试，通过对小样本的信度与效度分析，来测试量表的可靠性和有效性，同时筛选出最能度量待测量变量的题项，最终形成用于大规模调查的有效问卷。调查问卷见附件。

数据的真实有效是进一步统计分析的基础，也是研究结论准确可靠的前提。本书在问卷发放对象和发放渠道等方面进行了控制，以尽量排除干扰因素影响，提高问卷数据质量。

在发放对象方面，由于本问卷涉及企业多方面运营情况，仅中高层管理人员才能较全面了解和回答，因此本书将企业中高层管理人员作为主要发放对象。

在发放渠道方面，主要通过以下途径：①当面发放。利用高校在职MBA 的学生资源，当面发放问卷并对研究做解释，争取当面回收。②网络发放。对一些以往工作、学习过程中结识的企业管理人员通过电子邮件发放并回收问卷。③间接发放。通过多个经济技术开发区、高新技术开发区、银行信贷部门，向企业间接发放问卷。

结构方程模型对样本量有一定要求，但目前还没有形成统一的标准，不同学者的看法差异较大。一般而言，大于 200 以上的样本，才可以称得上是一个中型的样本，若要追求稳定的 SEM 分析结果，受试样本数最好在 200 以上。要在样本数与整体模型适配度上取得平衡是相当不容易的，学者舒马克和罗马克斯（Schumacker & Lomax，1996）二人经研究发现，大部分的 SEM 研究，其样本数多介于 200~500 之间，但在行为及社会科学研究领域中，有时某些研究取样的样本数会少于 200 或多于 500，学者本特勒和周（Bentler & Chou，1987）二人认为研究的变量如符合正态或椭圆的分布情形，则每个观察变量 5 个样本就足够了，如果是其他的分布，则每个变量最好有 10 个样本以上[226][227]。里格登（Rigdon，2005）认为 SEM 模型分析，样本数至少应在 150 个以上，若是样本数在 150 个以下，模型估计是不稳定的，除非变量间方差矩阵系数非常理想，他认为观察变量数若是超过 10 个以上，而样本大小低于 200 时，代表模型参数估计是不稳定的，且模型的统计检验力会很低。学者鲍德温（Baldwin，1989）研究指出在下列四种情境下，从事 SEM 模型分析，需要大样本：

模型中使用较多的测量或观察变量时；模型复杂，有更多的参数要被估计时；估计方法需符合更多参数估计理论时（如采用非对称自由分布法）；研究者想要进一步执行模型序列搜索时，此时的样本数最好在 200 以上。穆勒（Mueller，1997）认为单纯的 SEM 分析，其样本大小标准至少在 100 以上，200 以上更佳，如果从模型观察变量数来分析样本数，则样本数与观察变量数的比例至少为 10∶1～15∶1 之间[228]。

综合以上观点，本书采取样本数与观察变量数的比例为 10∶1 这一标准，调查问卷中经过信度、效度分析，最终有 30 多个测量题项，总体研究样本应该在 300 个以上。

大规模正式的调研活动从 2011 年 12 月正式开始，到 2012 年 2 月结束，整个调研工作历时 3 个月。此次调研活动共发放问卷 500 份，回收问卷 356 份，其中通过走访调查方式回收问卷 130 份，通过电子邮件方式回收问卷 226 份，问卷回收率为 71.2%。对于回收的问卷，根据研究要求对金融类企业的问卷、专业化经营企业的问卷予以删除，最终共回收有效问卷 312 份，有效问卷率为 62.4%，其中以走访调查回收的有效问卷数为 124 份，以电子邮件方式回收的有效问卷数为 188 份。

4.2.2　变量测度

从相关学者以往对企业动态能力的测量研究来看，企业基于知识的动态能力测量经历了从单一因素到多影响因素再划分不同维度通过开发量表测量的发展过程。学者普遍认为动态能力是一个复杂的多维变量，难以精准度量。本书重点探讨动态能力内部各维度的关系以及动态能力与企业多元化关系的作用途径，基于此，本书采用设计量表的形式，从动态能力构成的不同维度对其进行相对准确全面的衡量，包括知识吸收、创造、整合三个方面。现有研究对企业知识能力按维度分解测量的较少，涅托和克韦多（Nietoa & Quevedo，2005）、涂等（Tu，et al.，2006）、安德拉维纳等（Andrawina et al.，2008）对企业知识吸收、创造、整合能力进行了多维度测量。本书将在借鉴相关文献基础上，开发企业动态能力相关维度的测量内容和量表设计。

（1）知识吸收能力。

在本书中，将动态能力的知识吸收维度定义为企业通过与外部环境的接触和对外部环境变化的反应来搜寻、识别和获得外部产生的新知识的能力，即主要考察企业与环境的关系。涅托和克韦多（Nieto & Quevedo, 2005）在对吸收能力进行测量时，从企业与环境的关系来考察知识吸收能力，度量指标包括：公司自身员工系统性有组织地进行技术调查；为了解顾客需要，公司经常进行市场研究；公司获得技术的方法经常是技术使用许可；公司已经与其他公司合作开发了新产品或者新工艺；公司非常了解竞争对手正在开发的技术；公司已经成为行业技术的主要供给者；公司通常去其他机构（如咨询公司、大学等）了解推出新产品的新机会[229]。扬图宁（Jantunen, 2005）在研究知识处理能力时，用四个指标来度量知识吸收能力，分别是：经常观察和采纳最好的工作方法；持续搜集行业发展的相关信息；在调研市场需求的基础上开展行动；评估企业的知识资本[230]。涂等（Tu, et al., 2006）在研究吸收能力与新制造技术实践活动和顾客价值的关系时，通过企业知识搜寻的表现形式来体现知识吸收能力，具体的测量题项是：我们试图学习跟踪行业内新的市场趋势；我们试图学习对有用知识的日常搜寻；我们试图学习建立行业最好的实践标准；我们试图学习尝试新技术；我们试图从消费者和供应商获得学习；我们试图学会抓住新的商业机会；我们试图学习开展研发活动[231]。安德拉维纳等（Andrawina et al., 2008）研究了知识共享能力、吸收能力与创新能力之间的关系，在设计吸收能力的测量量表时，用四个指标测量吸收能力：我们公司经常与消费者讨论以了解其未来需求的产品或服务；我们公司通常与顾客联系来衡量产品或服务的质量；我们公司通常与其他群体，如协会或研究机构联系来获得新知识；我们公司总是在追求获得需要的新知识[232]。陈艳艳（2010）在对知识吸收能力进行测量时，设计了 6 个指标：公司经常进行市场调查研究，以了解顾客需要；公司与其他企业或科研机构合作开发新产品或新工艺；公司为了解开发新产品的机会，经常去高等院校、科研院所等机构搜集技术信息；公司经常对本地同行企业的产品或技术进行详细分析；公司比较了解主要竞争对手的技术发展情况；公司能够迅速辨识市场环境和技术环境的变动[233]。

综合以上围绕企业与外部环境关系主题的相关测量题项，并结合企业获取外部知识时的实践活动及本书对知识吸收的界定，提出本书对知识吸收能力的五个测量题项（见表 4 - 1），分别是：公司经常进行市场调查研究，以了解顾客需要；公司经常对其他同行企业的产品或技术进行详细分析；公司比较了解主要竞争对手的技术发展情况；公司能够迅速辨识技术、市场环境的变动；公司与其他企业或科研机构合作开发新产品或新工艺。

（2）知识创造能力。

在本书中，将知识创造能力界定为通过企业自身在研究和发展、人员培训等方面的投入获取新知识的能力，其主要体现组织内部知识的创造过程。对于这一维度在不同的研究中有不同的侧重点，但研究者要反映的核心内容具有共同性。涅托和克韦多（Nieto & Quevedo，2005）用企业知识多样化与知识结构重叠度来反映知识创造能力，具体测量指标包括：公司生产活动集中在一个地区；公司组织结构包括大量的管理岗位；与竞争对手相比，公司在各管理层次上有更多的职能部门；公司执行各项（生产经营）活动的协调水平都很高，招聘员工要求在进入本公司前受过较多的培训或拥有较高的教育背景；公司研发人员的报酬与他们对创新做出的贡献程度有联系；公司有一定技术专长；新产品开发项目由多学科背景成员组成的团队来进行。扬森（Jansen，2005）使用六个指标度量创造能力：本公司经常考虑市场需求变化；本公司员工习惯记录和存储新知识以备将来使用；本公司能够很快识别外部新知识的用处；本公司员工之间基本不分享实践经验（反向指标）；本公司很难利用外部新知识开发新机会（反向指标）；本公司定期召开市场趋势及新产品发展的研讨会[234]。涂等（Tu，et al.，2006）关于创造能力的沟通气氛维度的测量中，用雇员拥有开放的沟通氛围和雇员在接受新思想方面没有困难两个题项来反映个体间进行知识交叉和共享的意愿。安德拉维纳等（Andrawina et al.，2008）用三个指标测量创造能力：公司经常把新获得的知识储存或存档以备未来参考；公司能够用之前拥有的知识评估现有商业流程；公司能够理解其他知识对促进和提升工作流程的必要性。陈艳艳（2010）在对知识创造能力进行测量时，设计了 6 个指标：公司招聘员工一般要求拥有较高的教育背景或受过较多的培训；公司在管理层次上与竞争对手相比有更多的职能部门；公司承担新技术开发项目的研发团队由多学科背景的成员组成；公司会定期分析市场趋势，总结新产品开发项目成功或失败的原因；公司员工之间分享信息和实践经验的能力很强；公司能够识别、利用外部获取的新知识，及时抓住开发新技术的机会。

根据以上文献对知识创造能力的测量内容，本书提出对知识创造能力的五个测量题项（见表 4 - 1），分别为：公司招聘员工一般要求受过较多的培训或拥有较高的教育背景；与竞争对手相比，公司在各管理层次上有更多的职能部门；公司承担新技术开发项目的研发团队由多学科背景的成员组成；公司员工之间分享实践经验和信息的能力很强；公司能够识别、利用外部获取的新知识和信息，开发新技术机会。

（3）知识整合能力。

本书将知识整合能力定义为企业通过把吸收或创造的知识与现有知识合并整合成为新知识的能力，主要反映组织知识的重构与组合。在已有的研究中，包含知识整合能力这一维度测量的文献较多，如扬森（Jansen，2005）使用六个指标度量整合能力：本公司对于如何开展活动具有较好的规划；本公司对用户投诉置之不理；本公司有明确的责任或义务分工；本公司经常考虑如何更好地利用知识；本公司很难开发出新产品或服务；本公司员工关于新产品和服务具有共同语言。安德拉维纳等（Andrawina et al.，2008）在设计吸收能力的测量量表时，用三个指标测量整合能力：公司经常把新获得的知识储存或存档以备未来参考；公司能够用之前拥有的知识评估现有商业流程；公司能够理解其他知识对促进和提升工作流程的必要性。陈艳艳（2010）在对知识整合能力进行测量时，设计了 6 个指标：公司执行各项活动有明确的责任和分工，协作水平高；公司研发人员的报酬与他们对创新做出的贡献程度相联系；公司新产品开发项目一般有多部门的人员参与；公司有明确的关于改进产品工艺或开发新产品的技术开发战略目标；公司经常开展技术活动、对技术开发战略有较好的规划和管理；公司能够利用新技术，推出新产品或新工艺。

基于上述研究，本书综合归纳了五个题项（见表 4 - 1）对知识整合能力进行测量，具体包括：公司研发人员的报酬与其对创新做出的贡献程度有联系；公司新产品开发项目一般由多部门人员参与；公司开展技术活动、实施技术开发战略有较好的规划和管理；公司能够利用新技术机会，推出新产品或新工艺；公司战略有明确的有关改进产品工艺或开发新产品的技术开发战略目标。

表4-1 基于知识的动态能力测度量表

维度	题项	主要文献依据
知识吸收能力	公司经常进行市场调查研究，以了解顾客需要	Nieto & Quevedo，2005 Jantunen，2005 Tu，et al.，2006 Andrawina et al.，2008 陈艳艳（2010）
知识吸收能力	公司经常对其他同行企业的产品或技术进行详细分析	
知识吸收能力	公司比较了解主要竞争对手的技术发展情况	
知识吸收能力	公司能够迅速辨识技术、市场环境的变动	
知识吸收能力	公司与其他企业或科研机构合作开发新产品或新工艺	
知识创造能力	公司招聘员工一般要求受过较多的培训或拥有较高的教育背景	Nieto & Quevedo，2005 Jantunen，2005 Tu，et al.，2006 Andrawina et al.，2008 陈艳艳（2010）
知识创造能力	与竞争对手相比，公司在各管理层次上有更多的职能部门	
知识创造能力	公司承担新技术开发项目的研发团队由多学科背景的成员组成	
知识创造能力	公司员工之间分享实践经验和信息的能力很强	
知识创造能力	公司能够识别、利用外部获取的新知识和信息，开发新技术机会	
知识整合能力	公司研发人员的报酬与其对创新做出的贡献程度有联系	Jantunen，2005 Andrawina et al.，2008 陈艳艳（2010）
知识整合能力	公司新产品开发项目一般由多部门人员参与	
知识整合能力	公司开展技术活动、实施技术开发战略有较好的规划和管理	
知识整合能力	公司能够利用新技术机会，推出新产品或新工艺	
知识整合能力	公司战略有明确的有关改进产品工艺或开发新产品的技术开发战略目标	

4.2.3 统计分析方法

1. 信度和效度分析

信度和效度是所有测量研究中的重要议题。

信度是指对于同样的对象，运用同样的观测方法得出同样观测数据（结果）的可能性，即测量的可靠性或一致性。信度也可以分为稳定性、等值性和内部一致性等多种类型。内部一致性是最为常用的信度，关注的是不同测试题项所带来测试结果的差异，通常采用 Cronbach's α 系数作为检验指标。

效度是指概念定义及操作化定义之间是否契合，即量表的指标能真正衡量出研究人员要衡量的事物的真实程度，也可以理解为测量的准确性和有效性。效度可以分为许多种类，如内容效度、效标效度、表面效度和结构效度。量表开发中通常讨论的主要是内容效度和结构效度。内容效度事实上是一种特殊的表面效度，旨在检验一个定义的内容是否都在测量中呈现出来。由于本书量表的形成基于较系统的文献整理，并参考了学术界和企业界人士的意见，因而可以认为具有较高的内容效度。对于结构效度检验，因子分析通常被认为是一种合适的方法。

2. 探索性因子分析

因子分析是多元统计分析的一个重要分支，通过对诸多变量的相关性研究，用少数几个变量来表示原来变量的主要信息，达到浓缩数据的主要目的。探索性因子分析（Exploratory Factor Analysis，EFA）能够将具有错综复杂关系的变量综合为少数几个核心因子，可用于寻找多元观测变量的本质结构。本书在文献分析和调研基础上形成了基于知识的动态能力测度量表。为了进一步明确量表的结构，检验测度题项的合理性，需要对其进行探索性因子分析。

在探索性因子分析的操作上，本书使用 SPSS（Statistics Package for Social Science）20.0 软件，采用主成分分析的因子提取方法和最大方差的旋转方法，按特征根大于 1 的方式提取因子。探索性因子分析中各题项因子载荷的最低可接受值为 0.5。

此外，为了验证样本数据各题项之间的内部一致性，本书将计算每个变量的题项－总体相关系数以及 Cronbach's α 系数，以评价变量度量的信度。样本数据的信度通过检验的最低限度，题项－总体的相关系数（CITC）大于 0.35，Cronbach's α 系数大于 0.70。分析软件同样为 SPSS 20.0。

3. 结构方程模型

结构方程建模法（Structural Equation Modeling，SEM）是针对回归分析的弱点而研发出来的一种数据分析方法，综合运用了多元回归分析、路径分析和验证性因子分析等方法，可以同时分析各种变量之间的关系，省去先前逐条分拆的繁琐，更重要的是研究的准确性大大提高。

结构方程模型具有三个优点：第一，同时分析潜变量及其观测变量之间的复杂关系；第二，剔除随机测量误差，一般而言，从问卷题项得到的观察变量都是由真实值和测量误差所组成的，结构方程可以准确估计出测量误差的大小和其他参数值，从而提高整体测量的准确度；第三，同时计算多个因变量之间的关系，特别是应用于中介效应的研究。

应用结构方程建模法，一般要经历五个步骤：

（1）模型设定。首先根据理论或以往的研究成果来建构假设的初始理论模型，包括指定观测变量与潜变量的关系以及潜变量之间的路径关系。

（2）模型识别。结构方程模型一般分不可识别、恰好识别和过度识别三种。可识别的结构模型应满足必要条件和充分条件：必要条件指模型中待估计的参数个数小于或等于 $(p+q)(p+q+1)/2$，其中 p 为内生潜变量的观测变量数，q 为外生潜变量的观测变量数，这是 t 规则。充分条件指的是三指标法则：每个潜变量有三个或以上的测量题项；一个观测变量只测量一个潜变量；特殊因子之间相互独立。

（3）参数估计。在结构方程模型分析中，常用的参数估计方法有广义最小二乘法（GLS）、未加权最小二乘法（ULS）和极大似然法（ML）。其中极大似然法（ML）是结构方程模型中最常用的参数估计方法。但是极大似然法和广义最小二乘法都要求观测变量的总体服从多元正态分布，在正态分布假设不成立的情况下，要考虑其他对分布要求较低的参数估计方法。

（4）模型评价。得到参数估计值后，需对模型与数据间是否拟合进行评价，并与替代模型拟合指标进行比较。在评价结构方程模型时，必须检查多个拟合指数，而不能只依赖某一个指数，既要包含绝对拟合指数又要包含相对拟合指数（见表 4-2）。

表4-2　　　　　　　　　　　　结构方程拟合指数

指数名称		评价标准
绝对拟合指数	χ^2/df	不大于3
	GFI	大于0.9，越接近1越好
	AGFI	大于0.9，越接近1越好
	RMSEA	小于0.08，越小越好
相对拟合指数	NFI	大于0.9，越接近1越好
	TLI	大于0.9，越接近1越好
	CFI	大于0.9，越接近1越好

绝对拟合指数是将研究所设定的模型和饱和模型相比较。具体为：

第一，卡方指数（χ^2），一般要大于0.05的显著水平，说明假设理论模型与观测数据之间存在较好的拟合度。但是χ^2值对于样本量非常敏感，样本越大时，χ^2值就越容易显著，导致理论模型被拒绝。因此现在多采用χ^2/df指标，若$\chi^2/\mathrm{df}<3$，则对χ^2不显著的要求可忽略不计，$2\leqslant\chi^2/\mathrm{df}\leqslant5$，模型可以接受，$\chi^2/\mathrm{df}\leqslant2$，则模型拟合较好。

第二，拟合优度指数（Goodness of - FitIndex，GFI）。GFI测定观测变量的方差的协方差矩阵S在多大程度上被模型定义的方差的协方差矩阵所预测。GFI之值介于0~1之间，一般要求GFI>0.9，越接近1，说明模型的拟合程度越好。

第三，调整拟合优度指数（Adjusted Goodness-of - Fit Index，AGFI）。由于GFI会随着模型中参数总数的增加而提高，而且还会受样本容量的影响，因而还需要计算AGFI。AGFI之值也介于0~1之间，一般要求AGFI>0.9，越接近1，说明模型的拟合程度越好。

第四，近似误差均方根（Root Meansquare Errorof Approximation，RMSEA），是一种不需要有底线的测量模型拟合程度的绝对指数。一般来说，RMSEA低于0.05，表明模型与数据拟合很好，理论模型可以接受；在0.05~0.08之间，可以认为拟合不错；在0.08~0.1之间，则认为拟合一般；若大于0.1，模型拟合效果不能接受；如果低于0.01，模型拟合非常好。

相对拟合指数通过比较目标模型与一个基本模型的拟合来考察模型的

整体拟合程度，包括：

第一，标准拟合指数（Normed Fit index，NFI）。NFI 表示假设模型与独立模型或基准模型相比所减少的 χ^2 值比率。显然，减少的越多，表明假设模型相对于独立模型或基准模型能够更好地拟合数据。一般要求 NFI 为 0.9，越接近 1，说明模型的拟合程度越好。

第二，非正态化拟合指数（Tueker – Lewis Index，TLI）。一般要求 TLI > 0.9，越接近 1，说明模型的拟合程度越好。

第三，比较拟合指数（Eomparative Fit Index，EFI）。一般要求 EFI > 0.9，越接近 1，说明模型的拟合程度越好。

（5）模型修正。如果模型不能很好地拟合数据，需要对模型进行修正和再次设定。模型的修正需要决定如何删除、增加和修改模型参数，以增进模型的拟合程度，任何一次模型的修正和设定都要重复上述步骤。一般来说，一个拟合较好的模型需要反复进行上述五个步骤，另外对于模型的选取应遵循省俭原则。

本书将首先使用结构方程建模法中的验证性因子分析法对动态能力的测量数据进行效度分析；然后运用结构方程模型进一步确定动态能力、多元化与绩效的路径关系，并检验研究假设。

4.3　样本信度及效度检验

4.3.1　描述性统计分析

从回收的有效问卷来看，本书所得样本的行业既包括电子信息、电子器件、环保等高技术产业，也包括有色金属、化工、食品等传统产业；企业性质涵盖国有、集体、民营等类型；企业规模涵盖大中小型企业。回收问卷数据的描述性统计分析如表 4 – 3 所示。

　　　　　　　　　　样本主要特征描述性统计分析

特征属性	分类标准	样本数	百分比	累积百分比
公司产权性质	国有	36	11.5	11.5
	民营	198	63.5	75.0
	外资	60	19.2	94.2
	其他	18	5.8	100.0
公司年龄	5 年以下	96	30.8	30.8
	5 ~ 10 年	60	19.2	50.0
	10 ~ 20 年	108	34.6	84.6
	20 年以上	48	15.4	100.0
公司规模	300 人以下	78	25.0	25.0
	300 ~ 2000 人	192	61.5	86.5
	2000 ~ 10000 人	18	5.8	92.3
	10000 人以上	24	7.7	100.0
公司年销售收入	3000 万元以下	90	28.8	28.8
	3000 万 ~ 3 亿元	120	38.5	67.3
	3 亿 ~ 10 亿元	24	7.7	75.0
	10 亿元以上	78	25.0	100.0
被调查者职位	高层管理人员	108	34.6	34.6
	中层管理人员	120	38.5	73.1
	基层管理人员	36	11.5	84.6
	普通员工	48	15.4	100.0

4.3.2　信度分析

接下来通过计算知识吸收能力、知识创造能力、知识整合能力三个变量的题项—总体相关系数（CITC），并计算每个变量的一致性指数（Cronbach's α），来评价对动态能力测度的信度。同时，观测删除每一个题项后一致性指数（Cronbach's α）的变化情况，以确定是否可以删除某些题项以提高整体信度。

1. 知识吸收能力信度分析

采用 CITC 法和 α 信度系数法净化量表的测量题项（见表4－4）。在知识吸收能力测量题项中，删除 A5 题项后 α 系数有所上升，从 0.880 上升到0.890，因此将这个测量题项予以删除。测量题项A5删除后，知识吸收能力所有测量题项的整体信度系数为0.890，大于0.7，量表符合研究的要求。

表4-4　　　　　　　知识吸收能力测量题项的CITC和α系数

测量题项	初始CITC	最终CITC	删除该题后的α系数	α系数
A1	0.694	0.734	0.861	
A2	0.789	0.794	0.840	初始α系数=0.880 最终α系数=0.890
A3	0.821	0.773	0.828	
A4	0.721	0.753	0.856	
A5	0.615	删除	0.890	

2. 知识创造能力信度分析

采用CITC法和α信度系数法净化量表的测量题项（见表4-5）。在知识创造能力测量题项中，删除B2题项后α系数有所上升，从0.912上升到0.919，因此将这个测量题项予以删除。测量题项B2删除后，知识创造能力所有测量题项的整体信度系数为0.919，大于0.7，量表符合研究的要求。

表4-5　　　　　　　知识创造能力测量题项的CITC和α系数

测量题项	初始CITC	最终CITC	删除该题后的α系数	α系数
B1	0.809	0.796	0.886	
B2	0.693	删除	0.919	
B3	0.862	0.855	0.876	初始α系数=0.912 最终α系数=0.919
B4	0.795	0.839	0.893	
B5	0.786	0.783	0.891	

3. 知识整合能力信度分析

采用CITC法和α信度系数法净化量表的测量题项（见表4-6）。在知识整合能力测量题项中，删除C2题项后α系数有所上升，从0.826上升到0.852，因此将这个测量题项予以删除。测量题项C2删除后，知识整合能力所有测量题项的整体信度系数为 0.852，大于 0.7，量表符合研究的要求。

表 4 - 6　　　　　　知识整合能力测量题项的 CITC 和 α 系数

测量题项	初始 CITC	最终 CITC	删除该题后的 α 系数	α 系数
C1	0.680	0.646	0.774	
C2	0.396	删除	0.852	初始 α 系数 = 0.826
C3	0.658	0.668	0.782	最终 α 系数 = 0.852
C4	0.723	0.741	0.763	
C5	0.675	0.726	0.778	

在删除 A5、B2、C2 后，各变量的 Cronbach's α 系数均大于 0.7，并且删除其他任何一个题项都将降低一致性指数。可见剩余各题项之间具有较好的内部一致性。

4.3.3　探索性因子分析

本书将先用探索性因子分析寻求数据的基本结构，检验测量题项的结构效度，再在此基础上做验证性因子分析，这样便需要使用不同的样本集进行分析。对于同一批次回收的问卷数据，通常的做法是先抽取部分数据做探索性因子分析，然后再把析取的因子用剩下的数据做验证性因子分析。

在进行因素分析时，学者戈薛奇（Gorsuch，1983）认为，题项与受试者的比例最好为 1∶5，且受试样本总数不得少于 100 人[235]。鉴于本次因子分析中需要处理的最多变量数不超过 20，100 份样本即可较好满足要求。因此，本书从 312 份有效问卷中随机提取了 100 份来进行探索性因子分析，验证性因子分析使用的样本为抽取后所剩余的 212 份。

在因子分析前，先检验指标间的相关性。KMO 样本测度和 Bartlett 球体检验结果如表 4 - 7 所示。其中，KMO 值为 0.891 大于 0.7，且 Bartlett 统计值显著异于 0，因此适合进一步做因子分析。

表 4 - 7　　　　　**动态能力探索性因子分析的 KMO 和 Bartlett 检验**

Kaiser - Meyer - Olkin 取样适当性测量值	KMO	0.891
Bartlett 球体检验	近似卡方	988.081
	df	66
	Sig.	0.000

随后对样本进行探索性因子分析。因子提取法采用主成分法，按特征根大于 1 的方式抽取因子个数，旋转方法为最大方差法，结果如表 4 - 8 所示。12 个题项共抽取 3 个因素，因素特征值均大于 1，累积解释变异量为 77.407%，各个题项的因子载荷量均在 0.55 以上，表示各题项概念均能反映其因素构念，因而都符合统计要求。根据因子载荷的分布来判断，知识吸收、知识创造和知识整合能力三个变量的题项均根据预期归入了同一因子，通过了探索性因子分析的效度检验。

表 4 - 8　　　　　　　　**动态能力探索性因子分析**

维度	题项	描述性统计分析		因子载荷		
		均值	标准差	1	2	3
知识创造能力	B1	3.50	1.033	0.821	0.245	0.292
	B4	3.60	1.084	0.782	0.242	0.379
	B3	3.23	1.286	0.749	0.391	0.341
	B5	3.81	1.025	0.670	0.485	0.284
知识吸收能力	A2	3.81	1.043	0.188	0.829	0.353
	A3	3.63	1.005	0.265	0.788	0.356
	A4	3.75	0.879	0.434	0.722	0.158
	A1	3.87	1.062	0.605	0.651	0.062
知识整合能力	C1	3.52	0.995	0.097	0.209	0.854
	C4	3.10	1.010	0.362	0.161	0.762
	C5	3.60	0.909	0.429	0.346	0.648
	C3	3.67	0.875	0.415	0.282	0.610
特征值				3.452	3.028	2.809
方差解释量（%）				28.770	25.232	23.404
累积方差贡献率（%）				28.770	54.002	77.407

4.4　验证性因子分析

在结构方程模型分析中，如果只做因子间的相关（以双向弧形箭头表示），而不是因子间的因果效应（以单向直线箭头表示），这类分析统称为验证性因子分析。即结构方程模型由两部分组成，分别是测量模型和结构模型，测量模型即是验证性因子分析模型。

验证性因子分析是对研究问题有所了解的基础上，对已有的理论模型与数据拟合程度的一种验证。不同于探索性因子分析，验证性因子分析强调对测量模型的限定，在消除测量误差的情况下观察测量指标与假设模型的拟合程度。如果估计的模型与样本数据得到很好的拟合，就可以认为测量量表的结构效度得到支持。如果两者的拟合程度较差，可以观察模型估计过程中产生的修正指数考虑是否可以通过改变某些限定条件提高模型拟合度。在进行验证性因子分析时必须明确：公因子的个数、观测变量的个数、观测变量与公因子之间的关系以及公因子之间的关系。

测量量表的结构效度又可细分为收敛效度和区别效度。将用结构方程中的验证性因子分析法检验样本数据是否具有结构效度，即收敛效度和区别效度。

（1）区别效度。

区别效度（Discriminant Validity）是指构面所代表的潜在特质与其他构面所代表的潜在特质间低度相关或有显著的差异存在。两个构面间区别效度的简单检验方法，就是利用单群组生成两个模型，分别为未限制模型（潜在构念间的共变关系不加以限制，潜在构念间的共变参数为自由估计参数）与限制模型（潜在构念间的共变关系限制为1，潜在构念间的共变参数为固定参数），接着进行两个模型的卡方值差异比较，若是卡方值差异量愈大且达到显著水平（$p < 0.05$），表示两个模型间有显著的不同，未限制模型的卡方值愈小则表示潜在特质（因素构面）间相关性愈低，其区别效度就愈高；相反，未限制模型的卡方值愈大则表示潜在特质（因素构面）间相关性愈高，其区别效度愈低。卡方值差异量检验结果，若是

限制模型与非限制模型之间卡方值差异量达到 0.05 显著水平，表示潜在构念间具有高的区别效度。

对于区别效度，主要是求两两因子之间限制模型与未限制模型两的 χ^2 值的差，如果两者之 χ^2 值的差异显著，说明两因子之间具有良好的区别效度。动态能力有三个因子，对它们进行两两配对，求得 3 对区别效度的检验，这 3 对配对 χ^2 值的差均达到显著水平（p < 0.05），显示三个因子之间彼此区别效度良好。限制模型与未限制模型两者的 χ^2 值的差值及其显著性如表 4 - 9 所示。

表 4 - 9　　　　　　　　动态能力验证性因子分析模型区别效度

两两配对因子	未限制模型		限制模型		χ^2 值之差及其显著性		
	χ^2 值	df	χ^2 值	df	χ^2 值之差	df	p 值
知识吸收能力 - 知识创造能力	134.813	19	148.240	20	13.426	1	0.000
知识吸收能力 - 知识整合能力	97.857	19	131.349	20	33.492	1	0.000
知识创造能力 - 知识整合能力	60.373	19	85.032	20	24.658	1	0.000

在上述三个配对测量模型构面区别效度的检验方面，三个配对测量模型构面的未限制模型与限制模型的卡方值差异均达 0.05 显著水平，且未限制模型的卡方值显著低于限制模型的卡方值，表示动态能力量表具有较好的区别效度。

（2）收敛效度。

收敛效度（Convergent Validity）是指测量相同潜在特质的题项或测验会落在同一个因素构面上，且题项或测验间所测得的测量值之间具有高度的相关。各构念的收敛效度即检验各潜在构念的单面向测量模型的适配度。

企业动态能力由三个潜变量构成，分别是知识吸收能力、知识创造能力、知识整合能力。他们各有 4 个测量指标。结构方程模型中动态能力验证性因子分析模型如图 4 - 2 所示。

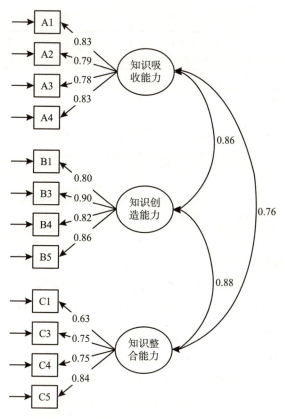

图 4 – 2 动态能力验证性因子分析模型

通过运用 AMOS20.0 并导入测量数据，对动态能力的验证性因子分析模型进行分析，结果如表 4 – 10 所示。

表 4 – 10　　　　　　动态能力验证性因子分析参数估计

分类	标准化系数	S. E.	C. R.（t 值）	P	R²
A1 < − − −知识吸收能力	0.831	—	—	—	0.690
A2 < − − −知识吸收能力	0.792	0.080	12.481	***	0.627
A3 < − − −知识吸收能力	0.780	0.094	12.494	***	0.608
A4 < − − −知识吸收能力	0.831	0.071	13.909	***	0.690
B1 < − − −知识创造能力	0.801	—	—	—	0.641
B3 < − − −知识创造能力	0.903	0.072	15.122	***	0.816
B4 < − − −知识创造能力	0.818	0.053	16.104	***	0.669

续表

分类	标准化系数	S. E.	C. R.（t 值）	P	R^2
B5 < − − − 知识创造能力	0.859	0.076	14.228	***	0.738
C1 < − − − 知识整合能力	0.631	—	—	—	0.398
C3 < − − − 知识整合能力	0.755	0.137	8.804	***	0.569
C4 < − − − 知识整合能力	0.745	0.102	10.735	***	0.555
C5 < − − − 知识整合能力	0.844	0.124	9.498	***	0.712
拟合优度指标 χ^2 = 39.869 df = 34 p = 0.225					
χ^2/df	GFI	AGFI	RMSEA	NFI	TLI
1.173	0.971	0.933	0.029	0.981	0.994

注：未列 t 值者为参照指标，是限制估计参数。*** 表示 p < 0.001。

从绝对拟合指标来看，χ^2 = 39.869，df = 34，χ^2/df = 1.173 < 3，表明拟合结果较好。由于卡方检验的局限性，因此继续检验其他的指标。GFI = 0.971，大于 0.9 的临界要求，AGFI = 0.933，大于 0.9，RMSEA = 0.029，小于临界要求 0.08，总体上模型拟合的较好；继续从相对拟合指标来看，NFI = 0.981，TLI = 0.994，均大于可接受值 0.9，因此可知动态能力验证性因子分析模型拟合较好，接下来进行动态能力收敛效度分析。

对于收敛效度，如上表所示，整体模型的 χ^2/df = 1.173 < 3，RMSEA = 0.029 < 0.05，AGFI = 0.933 > 0.9，GFI = 0.971 > 0.9，均达模型适配标准，表示测量模型与样本数据可以契合，各构面的收敛效度佳。12 个测量指标变量中有 11 个指标变量的因素负荷量大于 0.7，其能被潜在因素解释变异（R^2）均在 0.5 以上，表示这些测量指标变量的信度指数佳。

4.5 小　结

本章在提出基于知识的动态能力概念界定和构成要素的基础上，采取管理学研究中规范的量表构建方法，结合对现有相关研究的整理，分别针对知识吸收、知识创造和知识整合三种能力构建了测度量表。量表共包括 15 个题项，其中知识吸收能力、知识创造能力、知识整合能力各 5 个题项。

随后通过发放和回收问卷，收集了 312 个样本。首先随机抽取其中 100 个样本，运用探索性因子分析和信度分析的方法，寻求数据的基本结构，检验测度题项的合理性。探索性因子分析的结果显示知识吸收能力、知识创造能力和知识整合能力三个变量的题项均根据预期归入了同一因子，通过了探索性因子分析的效度检验。信度检验中三个潜变量各删除了一个测量题项，最终 α 系数显示各题项之间具有较好的内部一致性。

之后对探索性因子分析形成的基于知识的动态能力量表进行验证性因子分析。测量方程的拟合结果表明，本章给出的基于知识的动态能力测度量表拟合效果良好，因子结构通过了验证，问卷的结构效度较好，从而说明本书的动态能力测量量表具有较好的信度与效度。为进一步研究动态能力与企业多元化及其绩效的关系打下重要基础。

第 5 章

动态能力对企业多元化
影响的实证研究

本章旨在揭示企业动态能力与其多元化之间的关系。本书将动态能力定义为企业吸收、创造和整合知识资源，通过知识的开发和利用，以适应快速变化的环境，增强企业获取和保持竞争优势的能力。同时，本书采用知识这个变量来定义多元化的不同类型，企业进入新的业务领域进行了知识利用，即企业将既有知识在不同业务间进行转移与共享以充分实现蕴含于其中的范围经济，则定义为基于复制的多元化；企业进入新的业务领域进行了知识开发，即企业进入新业务领域时获取了新的知识资源或竞争能力，则定义为基于创新的多元化。

根据第 3 章的研究结论，基于知识的动态能力是企业实行多元化发展的一个重要的内在动因。按照蒂斯（Teece，1997）的观点，"动态"一词是指为了与动态变化的外部环境保持一致，企业延续或重构自身胜任力的能力；而"能力"一词则强调了战略管理在正确处理、整合和重构企业内外部知识、资源和技能以匹配变化的环境需求中的关键作用。因为动态能力处理了变革机制，并与创新和组织学习相联系，使得它与知识管理、知识基础观联系起来。根据第 3 章的研究结果，本书利用知识吸收能力、知识创造能力、知识整合能力三个要素来衡量企业动态能力，并研究它们对企业多元化的影响。

本章主要采取文献归纳和问卷调查方法。基于对以往的动态能力和企业多元化研究的文献归纳和总结，通过问卷调查采集企业的动态能力和多元化数据，对数据进行结构方程建模，检验本书提出的动态能力与多元化关系的假设。

5.1　研究模型与假设

本书以动态能力、多元化为主要研究对象，围绕动态能力与多元化的关系、动态能力对多元化绩效的影响进行研究，通过理论分析构建了理论模型（如图 5 - 1 所示），阐释了动态能力与多元化类型的内在联系。其中实线箭头表示自变量对因变量有显著的正影响，虚线箭头表示自变量对因变量有显著的负影响。

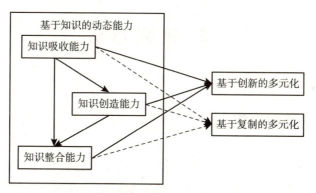

图 5 - 1　基于知识的动态能力与多元化关系的概念模型

模型的左边部分基于知识的动态能力分析框架，提出了动态能力的结构和各要素之间的内在关系。从总体上看，该模型将知识观与动态能力结合，通过对动态能力各要素与多元化类型之间的关系分析，阐释了动态能力对多元化的影响，有助于明晰基于知识的动态能力对多元化的作用机制。

本书在第 3 章的分析中，论述并逐步提出了动态能力对多元化影响的理论假设，构成了揭示动态能力与多元化之间产生作用与影响机制的系统假设。具体假设表述如下：

假设 1：知识吸收能力对基于创新的多元化有显著的正向影响。

假设2：知识吸收能力对基于复制的多元化有显著的负向影响。

假设3：知识创造能力对基于创新的多元化有显著的正向影响。

假设4：知识创造能力对基于复制的多元化有显著的负向影响。

假设5：知识整合能力对基于创新的多元化有显著的正向影响。

假设6：知识整合能力对基于复制的多元化有显著的负向影响。

假设7：知识吸收能力对知识整合能力有显著的正向影响。

假设8：知识创造能力对知识整合能力有显著的正向影响。

假设9：知识吸收能力对知识创造能力有显著的正向影响。

在接下来的实证分析中，本书将对上述各假设的有效性与合理性进行验证，拟通过数理检验进一步明晰基于知识的动态能力构成要素间的相互作用及其对多元化的影响机制。

5.2 研究方法

5.2.1 数据收集

本章研究与第4章"动态能力构成与维度的实证研究"使用同一份问卷。事实上，该问卷同时包括了"基于知识的动态能力测度"、"动态能力与企业多元化的关系"三部分实证研究相关问题，因而在发放地域、发放对象和发放渠道等数据收集方面的设计和操作完全相同并已经在前面详细说明，描述性统计分析也在第4章介绍，在此不再赘述。

5.2.2 变量测度

本节将对基于知识的动态能力与企业多元化关系模型的各变量测度方法做介绍。而基于知识的动态能力包含的三个变量知识吸收能力、知识创造能力和知识整合能力的测度已经在第4章进行了详细研究，在此不再赘述。

企业进军新的业务领域要求进行知识开发，以新的补充已有的，即企业进入新业务领域时获取了新的知识资源或竞争能力（基于创新的多元化）。这是多元化最通常的形式。进军新的业务领域需要精确的复制知识资源或竞争能力是很少见的，在公司已经掌握的知识或能力和多元化所要求的知识或能力间通常存在着差距。企业进入新的业务领域进行了知识利用，通过部署现有知识或能力进军新业务，即企业将既有知识在不同业务间进行转移与共享以充分实现蕴含于其中的范围经济，是多元化的一种以复制为基础的过程（基于复制的多元化）。这是多元化经营最安全的一种方式。为了保证多元化的成功，只需要核对在新的竞争环境中知识或能力的适应性。最完美的复制过程，没有任何扩张和膨胀（Vittorio Chiesa & Raffaella Manzini，1997）[236]。

企业从小到大、从简单到复杂、从专业化到多元化的成长过程，其实就是一个组织学习过程。由于企业进行多元化经营的动因，一方面是为了通过内部知识转移与共享来利用现有竞争能力，即知识利用；另一方面是为了进入新的业务领域学习新知识，获取新的竞争能力，即知识开发。因此，多元化的一个主要任务就是在为组织已经掌握的知识找到更多、更优的利用途径的同时，为企业开发在新业务领域经营所必须的新知识（Miles，1982）。尽管不同多元化所需的知识类型或知识来源会不尽相同，但利用已有知识和开发新知识的本质却是相同的。

进入新业务领域后，企业必然会遇到一些以前未曾遇到过的问题，而通常情形下这些问题是不能完全借助已有知识来解决的。因此，企业必须主动地、有选择地去获取新知识。由于知识的模糊性、贯通性和不完全可分割性，在发现问题、分析问题、解决问题的过程中，企业必然还会"额外地"获得大量衍生知识。尽管从时间与程度上看，已有知识与新获取的知识之间存在着先后之别、生疏之分，但由于吸收过程中的自选择性以及两种知识间的继承性和互补性，在知识系统内部它们却是有机结合在一起的。从企业角度看，知识开发在本质上属于创新范畴，它的重要功能之一便是增加整个知识系统的基础知识存量。

"创新"一词最早是由美国经济学家熊彼特（1912）提出。熊彼特明确指出"创新"的五种情况：采用一种新的产品；采用一种新的生产方法；开辟一个新的市场；控制原材料或半成品的一种新的供应来源；实现任何一种工业的新的组织或打破一种垄断地位。人们将他这一表述归纳为五个创新，依次对应产品创新、技术创新、市场创新、资源配置创新、组织创新。熊彼特所指的创新概念的五个方面，包含了创造全新的资源配置。从这一点看，他的创新概念已经涉及管理创新的核心（芮明杰，1994）[237]。

此后学者在此基础上进一步提出了管理创新的概念。创新理论的延伸便是管理创新理论，其代表人物是斯塔塔（Stata，1989），他首次明确地区分了产品创新、流程创新和管理创新，另一个学者（Pierre and Aenghozi，1990）把管理创新与市场创新和技术创新区别开来，指出面对当代的潮流，如多元化、市场的不稳定、技术变革的加速等，企业要解决的问题不只是技术问题和经济问题，还有管理的问题，如内部协作流程、费用控制等，这样就把管理创新从市场和技术的范畴中剥离出来了[238]。

综合上述研究，并结合本研究对基于创新的多元化的界定，提出本书对基于创新的多元化的五个测量题项（见表5－1），分别是：公司进入新的业务领域，进行了知识开发；公司进入新的业务领域，进行了技术创新；公司进入新的业务领域，进行了市场创新；公司进入新的业务领域，进行了管理创新；公司进入新的业务领域，进行了流程再造。

表5－1 多元化类型测度量表

维度	题项	主要文献依据
基于创新的多元化	公司进入新的业务领域，进行了知识开发	J. Schumpeter（1912） Miles（1982） Stata（1989） Pierre and Aenghozi（1990） 芮明杰（1994）
	公司进入新的业务领域，进行了技术创新	
	公司进入新的业务领域，进行了市场创新	
	公司进入新的业务领域，进行了管理创新	
	公司进入新的业务领域，进行了流程再造	
基于复制的多元化	公司进入新的业务领域，利用了原有的知识	J. Schumpeter（1912） Miles（1982） Stata（1989） Pierre and Aenghozi（1990） 芮明杰（1994）
	公司进入新的业务领域，利用了原有的技术	
	公司进入新的业务领域，利用了原有的市场	
	公司进入新的业务领域，利用了原有的管理能力	
	公司进入新的业务领域，利用了原有的业务流程	

类似地提出本书对基于复制的多元化的五个测量题项（见表 5 - 1），分别是：公司进入新的业务领域，利用了原有的知识；公司进入新的业务领域，利用了原有的技术；公司进入新的业务领域，利用了原有的市场；公司进入新的业务领域，利用了原有的管理能力；公司进入新的业务领域，利用了原有的业务流程。

5.2.3　统计分析方法

本章将通过结构方程建模的方法检验提出的基于知识的动态能力与多元化关系模型（见本章图 5 - 1）。在检验该模型之前，首先用探索性因子分析明确观测变量的内部结构，验证测量题项的合理性，随后用验证性因子分析检验各观测变量的因子结构与先前的构想是否相符。

其他数据分析方法还包括对各变量的测度进行信度检验以及样本数据的偏度和峰度分析等。上述分析中，结构方程模型检验和验证性因子分析将采用 AMOS20.0 软件，其他分析采用 SPSS20.0 软件。

5.3　样本信度及效度检验

5.3.1　样本容量与分布

探索性因子分析使用的样本均为从 312 份样本中随机抽取的 100 份，验证性因子分析和基于知识的动态能力与多元化关系模型检验使用的样本为抽取后所剩余的 212 份。一般认为，样本容量至少大于 150，才适合使用极大似然法对结构方程模型进行估计（Ding et al.，1995）[239]。因此本书已达到最低样本容量要求。同时，数据的正态分布也是使用极大似然法对结构方程模型进行估计的要求。一般认为，样本数据满足中值与中位数相近，偏度小于 2，同时峰度小于 5 的条件时，即可认为其服从正态分布。使用 SPSS20.0 对本书样本数据进行偏度和峰度分析的结果见表

5-2和表5-3，本书各题项的样本数据均符合正态分布要求。

表5-2　　　　动态能力样本数据的描述性统计和正态分布性

测量项目	样本数量	均值	标准差	偏度	偏度标准误差	峰度	峰度标准误差
A1	312	3.50	1.030	-1.013	0.138	0.539	0.275
A2	312	3.60	1.081	-0.804	0.138	0.029	0.275
A3	312	3.23	1.282	-0.328	0.138	-1.127	0.275
A4	312	3.81	1.021	-0.919	0.138	0.533	0.275
A5	312	3.06	1.449	-0.216	0.138	-1.393	0.275
B1	312	3.81	1.040	-0.540	0.138	-0.451	0.275
B2	312	3.48	1.280	-0.734	0.138	-0.505	0.275
B3	312	3.63	1.002	-0.722	0.138	0.202	0.275
B4	312	3.75	0.876	-0.358	0.138	-0.504	0.275
B5	312	3.87	1.058	-1.006	0.138	0.476	0.275
C1	312	3.52	0.992	0.006	0.138	-1.034	0.275
C2	312	3.38	0.903	-0.363	0.138	-0.298	0.275
C3	312	3.10	1.007	0.034	0.138	-0.244	0.275
C4	312	3.60	0.906	-0.367	0.138	0.049	0.275
C5	312	3.67	0.872	-0.190	0.138	-0.631	0.275

表5-3　　　　多元化类型样本数据的描述性统计和正态分布性

测量项目	样本数量	均值	标准差	偏度	偏度标准误差	峰度	峰度标准误差
E1	312	3.83	0.977	-0.897	0.138	0.349	0.275
E2	312	3.50	1.203	-0.770	0.138	-0.415	0.275
E3	312	3.81	1.040	-0.954	0.138	0.449	0.275
E4	312	3.87	0.901	-1.007	0.138	1.094	0.275
E5	312	3.65	0.980	-0.870	0.138	0.493	0.275
F1	312	3.71	0.949	-0.758	0.138	0.193	0.275
F2	312	3.65	1.019	-0.588	0.138	-0.392	0.275
F3	312	3.52	0.911	-0.289	0.138	-0.082	0.275
F4	312	3.44	0.888	-0.324	0.138	-0.057	0.275
F5	312	3.56	0.930	-0.749	0.138	0.587	0.275

5.3.2　信度分析

接下来通过计算两种多元化类型变量的题项 – 总体相关系数（CITC），并计算每个变量的一致性指数（Cronbach's α），来评价对基于知识的多元化测度的信度。同时，观测删除每一个题项后一致性指数（Cronbach's α）的变化情况，以确定是否可以删除某些题项以提高整体信度。

1. 基于复制的多元化信度分析

采用 CITC 法和 α 信度系数法净化量表的测量题项（见表 5 – 4）。在基于复制的多元化测量题项中，删除任何题项后 α 系数反而会下降，因此保留所有测量题项。基于复制的多元化所有测量题项的整体信度系数为 0.916，大于 0.7，可见，变量的题项之间具有较好的内部一致性。量表符合研究的要求。

表 5 –4　　　　基于复制的多元化测量题项的 CITC 和 α 系数

测量题项	CITC	删除该题后的 α 系数	α 系数
E1	0.881	0.879	
E2	0.722	0.916	
E3	0.780	0.898	α 系数 = 0.916
E4	0.807	0.895	
E5	0.775	0.899	

2. 基于创新的多元化信度分析

采用 CITC 法和 α 信度系数法净化量表的测量题项（见表 5 – 5）。在基于创新的多元化测量题项中，删除任何题项后 α 系数反而会下降，因此保留所有测量题项。基于创新的多元化所有测量题项的整体信度系数为 0.918，大于 0.7，可见，变量的题项之间具有较好的内部一致性。量表符合研究的要求。

表 5 - 5   基于创新的多元化测量题项的 CITC 和 α 系数

测量题项	CITC	删除该题后的 α 系数	α 系数
F1	0.797	0.897	
F2	0.795	0.898	
F3	0.793	0.898	α 系数 = 0.918
F4	0.763	0.904	
F5	0.796	0.897	

5.3.3   探索性因子分析

本书将先用探索性因子分析寻求数据的基本结构，检验测量题项的结构效度，再在此基础上做验证性因子分析，这样便需要使用不同的样本集进行分析。对于同一批次回收的问卷数据，通常的做法是先抽取部分数据做探索性因子分析，然后再把析取的因子用剩下的数据做验证性因子分析。

在进行因素分析时，学者戈萨奇（Gorsuch，1983）认为，题项与受试者的比例最好为 1:5，且受试样本总数不得少于 100 人。鉴于本次因子分析中需要处理的最多变量数不超过 20，100 份样本即可较好满足要求。因此，本书从 312 份有效问卷中随机提取了 100 份来进行探索性因子分析。

在因子分析前，先检验指标间的相关性。KMO 样本测度和 Bartlett 球体检验结果如表 5 - 6 所示。其中，KMO 值为 0.832 大于 0.7，且 Bartlett 统计值显著异于 0，因此适合进一步做因子分析。

表 5 - 6   多元化类型探索性因子分析的 KMO 和 Bartlett 检验

Kaiser – Meyer – Olkin 取样适当性测量值	KMO	0.832
Bartlett 球体检验	近似卡方	878.226
	df	45
	Sig.	0.000

随后对样本进行探索性因子分析。因子提取法采用主成分法，按特征根大于 1 的方式抽取因子个数，旋转方法为最大方差法，结果如表 5 - 7 所示。10 个题项共抽取 2 个因素，因素特征值均大于 1，累积解释变异量为 77.000%，各个题项的因子载荷量均在 0.55 以上，表示各题项概念均能反映其因素构念，因而都符合统计要求。根据因子载荷的分布来判断，基于复制的多元化、基于创新的多元化两个变量的题项均根据预期归入了同一因子，通过了探索性因子分析的效度检验。

表 5 - 7　　　　　　　　　　　多元化类型探索性因子分析

维度	题项	描述性统计分析		因子载荷	
		均值	标准差	1	2
基于复制的多元化	E1	3.83	0.980	0.905	0.212
	E5	3.65	0.983	0.863	0.146
	E3	3.81	1.043	0.860	0.086
	E4	3.87	0.904	0.859	0.216
	E2	3.50	1.207	0.733	0.387
基于创新的多元化	F5	3.56	0.933	0.095	0.892
	F4	3.44	0.890	0.024	0.882
	F3	3.52	0.914	0.274	0.829
	F2	3.65	1.022	0.324	0.801
	F1	3.71	0.952	0.357	0.795
特征值				3.897	3.803
方差解释量（%）				38.967	38.033
累积方差贡献率（%）				38.967	77.000

5.3.4　验证性因子分析

在结构方程模型分析中，如果只做因子间的相关（以双向弧形箭头表示），而不是因子间的因果效应（以单向直线箭头表示），这类分析统称为验证性因子分析。即结构方程模型由两部分组成，分别是测量模型和结构模型，测量模型即是验证性因子分析模型。

验证性因子分析是对研究问题有所了解的基础上，对已有的理论模型与数据拟合程度的一种验证。不同于探索性因子分析，验证性因子分析强调对测量模型的限定，在消除测量误差的情况下观察测量指标与假设模型的拟合程度。如果估计的模型与样本数据得到很好的拟合，就可以认为测量量表的结构效度得到支持。如果两者的拟合程度较差，可以观察模型估计过程中产生的修正指数考虑是否可以通过改变某些限定条件提高模型拟合度。在进行验证性因子分析时必须明确：公因子的个数、观测变量的个数、观测变量与公因子之间的关系以及公因子之间的关系。

测量量表的结构效度又可细分为收敛效度和区别效度。将用结构方程中的验证性因子分析法检验样本数据是否具有结构效度，即收敛效度和区别效度。

对于区别效度，主要是求两两因子之间限制模型与未限制模型的 χ^2 值的差，如果两者之 χ^2 值的差异显著，说明两因子之间具有良好的区别效度。多元化类型有两个因子，对它们进行配对，求得区别效度的检验，配对 χ^2 值的差达到显著水平（$p < 0.05$），显示两个因子之间彼此区别效度良好。限制模型与未限制模型两者的 χ^2 值的差值及其显著性如表 5 – 8 所示。

表 5 – 8　　　　　　　多元化类型验证性因子分析模型区别效度

两两配对因子	未限制模型		限制模型		χ^2 值之差及其显著性		
	χ^2 值	df	χ^2 值	df	χ^2 值之差	df	p 值
基于复制的多元化—基于创新的多元化	323.041	34	354.047	35	31.006	1	0.000

在上述两个配对测量模型构面区别效度的检验方面，两个配对测量模型构面的未限制模型与限制模型的卡方值差异达 0.05 显著水平，且未限制模型的卡方值显著低于限制模型的卡方值，表示多元化类型量表具有高度的区别效度。

多元化类型由两个潜变量构成，分别是基于复制的多元化、基于创新折多元化。他们各有 5 个测量指标。结构方程模型中多元化类型验证性因子分析模型如图 5 – 2 所示。

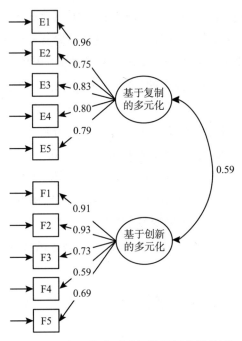

图 5 - 2　多元化类型验证性因子分析模型

　　通过运用 AMOS20.0 并导入测量数据，对多元化类型的验证性因子分析模型进行分析，结果如表 5 - 9 所示。

表 5 - 9　　　　　　　　　多元化类型验证性因子分析参数估计

分类	标准化系数	S. E.	C. R.（t 值）	P	R^2
E1 < - - - 基于复制的多元化	0.961	—	—	—	0.924
E2 < - - - 基于复制的多元化	0.749	0.066	14.478	***	0.561
E3 < - - - 基于复制的多元化	0.829	0.051	17.748	***	0.687
E4 < - - - 基于复制的多元化	0.805	0.047	16.410	***	0.648
E5 < - - - 基于复制的多元化	0.793	0.051	16.272	***	0.630
F1 < - - - 基于创新的多元化	0.906	—	—	—	0.821
F2 < - - - 基于创新的多元化	0.931	0.055	20.125	***	0.866
F3 < - - - 基于创新的多元化	0.732	0.058	13.496	***	0.536
F4 < - - - 基于创新的多元化	0.595	0.064	9.817	***	0.354
F5 < - - - 基于创新的多元化	0.685	0.061	12.094	***	0.469
拟合优度指标 χ^2 = 35.806　df = 21　p = 0.023					
χ^2/df	GFI	AGFI	RMSEA	NFI	TLI
1.705	0.966	0.911	0.058	0.981	0.982

　　注：未列 t 值者为参照指标，是限制估计参数。 *** 表示 p < 0.001。

从绝对拟合指标来看，$\chi^2 = 35.806$，$df = 21$，$\chi^2/df = 1.705 < 3$，表明拟合结果较好。由于卡方检验的局限性，因此继续检验其他的指标。$GFI = 0.966$，大于 0.9 的临界要求，$AGFI = 0.911$，大于 0.9，$RMSEA = 0.058$，小于临界要求 0.08，总体上模型拟合的较好；继续从相对拟合指标来看，$NFI = 0.981$，$TLI = 0.982$，均大于可接受值 0.9，因此可知多元化类型验证性因子分析模型拟合较好，接下来进行收敛效度分析。

对于收敛效度，如上表所示，整体模型的 $\chi^2/df = 1.705 < 3$，RMSEA 值 = $0.058 < 0.08$，AGFI 值 = $0.911 > 0.9$，GFI 值 = $0.966 > 0.9$，均达模型适配标准，表示测量模型与样本数据可以契合，各构面的收敛效度佳。10个测量指标变量中有 8 个指标变量的因素负荷量大于 0.7，其能被潜在因素解释变异（R^2）均在 0.5 以上，表示这些测量指标变量的信度指数佳。

5.4　结构方程模型检验

结构方程模型一般可分为三大类的分析：纯粹验证、选择模型和产生模型。纯粹验证分析指用一个已建立的模型拟合一组样本数据，其分析目的是通过验证模型是否拟合样本数据，从而决定接受还是拒绝该模型；选择模型分析指事先建立多个不同的可能模型，依据各模型拟合样本数据的优劣情况进行模型的选择；产生模型分析指事先建构一个或多个基本模型，检查这些模型是否拟合数据，基于理论或样本数据分析，针对模型中拟合欠佳的部分，修正模型，并通过同一数据或其他样本数据检查修正模型的拟合程度，其分析目的是通过不断地调整和修正产生一个最佳模型。

本书属于产生模型分析，即通过前面章节提出的基于知识的动态能力与企业多元化的微观结构关系模型以及本章的研究假设，构建结构方程模型，然后通过理论或数据分析对其进行修正，从而产生一个既符合理论推导又符合实践情况的相对拟合较好的模型。

5.4.1　模型构建与拟合

本章的结构方程建模分析内容主要包括三部分，首先在前面的效度、信度检验基础上，针对相关假设进行结构方程检验；其次根据结构方程模型检验的拟合指数、相关理论等对模型进行修正；在此基础上确定最终模型，分析最终模型及相关假设检验。

基于图 5－1 所构建的基于知识的动态能力与多元化关系的概念模型，经过效度、信度检验修改后，本书设置了初始结构方程模型。其结构如图 5－3 所示，针对初始模型，使用 AMOS20.0 进行结构方程模型检验，结果如表 5－10 所示。

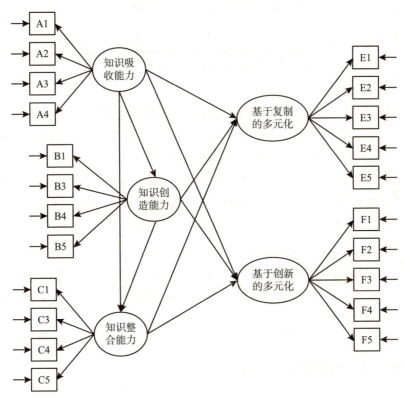

图 5－3 基于知识的动态能力与多元化关系的概念模型

表 5－10 基于知识的动态能力与多元化关系的初始模型拟合结果

分类	标准化系数	S. E.	C. R. （t 值）	P
知识创造能力 ＜－－－知识吸收能力	0.833	0.035	13.481	***
知识整合能力 ＜－－－知识创造能力	0.641	0.088	6.491	***

续表

分类	标准化系数	S. E.	C. R.（t 值）	P
知识整合能力 < － － －知识吸收能力	0.238	0.045	2.636	0.008
基于复制的多元化 < － － －知识吸收能力	0.162	0.144	1.306	0.192
基于复制的多元化 < － － －知识创造能力	0.176	0.314	1.169	0.242
基于复制的多元化 < － － －知识整合能力	0.163	0.311	1.228	0.219
基于创新的多元化 < － － －知识吸收能力	0.322	0.041	4.526	***
基于创新的多元化 < － － －知识创造能力	0.213	0.090	2.468	0.014
基于创新的多元化 < － － －知识整合能力	0.459	0.097	5.542	***
拟合优度指标 $\chi^2 = 83.042$ df = 200				
χ^2/df	GFI	AGFI	RMSEA	NFI
0.415	0.977	0.971	0.001	0.985

注：未列 t 值者为参照指标，是限制估计参数。*** 表示 $p < 0.001$。

根据表 5 – 10，该结构模型的 $\chi^2 = 83.042$，df = 200，χ^2/df 值为 0.415，小于 2。RMSEA 的值为 0.001，小于 0.08。同时，CFI 和 NFI 都大于 0.9，分别为 0.977 和 0.985。绝对拟合指标中的 χ^2/df 处于拟合较好范围内，RMSEA 处于可以接受的范围内；而两个相对拟合指标（CFI 和 NFI）也均在拟合可以接受范围内。然而同时，该模型拟合结果显示，变量之间共有 6 条路径在 $p < 0.05$ 的水平上是显著的，而有 3 条路径的 C. R. 绝对值小于 1.96 的参考值，因而未通过假设检验。接下来将通过调整这些未通过假设检验的路径对模型进行修正。依据侯杰泰（2004）的观点，进行结构方程模型修改时原则上每次调整一个参数，因此本研究对这些路径的调整是逐一进行的[240]。

5.4.2　模型修正与确定

通过对上述路径 C. R. 值进行比较发现，路径"基于复制的多元化 < － － － 知识创造能力"的 C. R. 值的绝对值最小，显著性水平最低，因而首先删除该路径。在 AMOS 导入数据重新拟合，结果如表 5 – 11 所示。

表 5 – 11　　基于知识的动态能力与多元化关系的修正模型拟合结果

分类	标准化系数	S. E.	C. R.（t 值）	P
知识创造能力 < – – – 知识吸收能力	0.835	0.035	13.494	***
知识整合能力 < – – – 知识创造能力	0.650	0.088	6.554	***
知识整合能力 < – – – 知识吸收能力	0.230	0.045	2.547	0.011
基于复制的多元化 < – – – 知识吸收能力	0.240	0.123	2.269	0.023
基于复制的多元化 < – – – 知识整合能力	0.258	0.251	2.410	0.016
基于创新的多元化 < – – – 知识吸收能力	0.330	0.041	4.622	***
基于创新的多元化 < – – – 知识创造能力	0.194	0.089	2.249	0.024
基于创新的多元化 < – – – 知识整合能力	0.472	0.098	5.632	***
拟合优度指标 $\chi^2 = 84.392$ df = 201				
χ^2/df	GFI	AGFI	RMSEA	NFI
0.420	0.977	0.971	0.001	0.985

注：未列 t 值者为参照指标，是限制估计参数。 *** 表示 p < 0.001。

拟合结果表明，调整后模型整体拟合效果基本没有变化，各绝对拟合指标和相对拟合指标均处于可以接受或较好的范围内。此时仍有路径显著性水平较差，因而需要继续进行调整。删去其中显著性水平最低的一条"基于复制的多元化 < – – – 知识吸收能力"，重新导入数据进行模型拟合。此时模型拟合结果如表 5 – 12 所示。

表 5 – 12　　基于知识的动态能力与多元化关系的修正模型拟合结果

分类	标准化系数	S. E.	C. R.（t 值）	P
知识创造能力 < – – – 知识吸收能力	0.833	0.035	13.468	***
知识整合能力 < – – – 知识创造能力	0.644	0.086	6.613	***
知识整合能力 < – – – 知识吸收能力	0.246	0.044	2.767	0.006
基于复制的多元化 < – – – 知识整合能力	0.465	0.150	7.256	***
基于创新的多元化 < – – – 知识吸收能力	0.306	0.041	4.335	***
基于创新的多元化 < – – – 知识创造能力	0.187	0.090	2.157	0.031
基于创新的多元化 < – – – 知识整合能力	0.499	0.102	5.719	***
拟合优度指标 $\chi^2 = 89.427$ df = 202				
χ^2/df	GFI	AGFI	RMSEA	NFI
0.443	0.976	0.970	0.001	0.984

注：未列 t 值者为参照指标，是限制估计参数。 *** 表示 p < 0.001。

拟合结果表明，调整后模型整体拟合效果基本没有变化。可以看出，该模型拟合结果在各绝对拟合指标和相对拟合指标上都处于可以接受或较好的范围，且与初始模型相比较稍有改进。模型中各路径系数相应的C. R. 值均大于 1.96 的参考值，在 $p < 0.05$ 的水平上具有统计显著性。因此本研究将修正后的模型作为最终的确定模型（见图 5 - 4）。

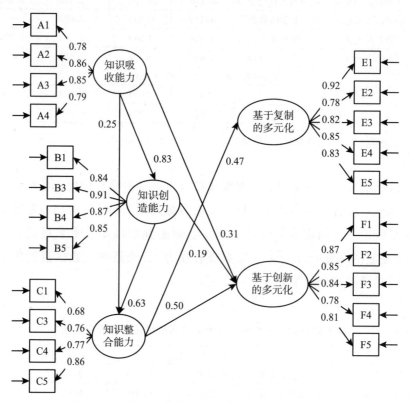

图 5 - 4　基于知识的动态能力与多元化关系的模型

5.4.3　实证研究整体结果

通过基于问卷调查数据和结构方程分析的实证研究方法，本研究对基于知识的动态能力与多元化关系的概念模型进行了检验。结果表明，大多数假设都得到了证实。各假设验证具体情况如表 5 - 13 所示。

表 5 – 13　　基于知识的动态能力与多元化关系模型的假设验证汇总

序号	内容	验证情况
假设 1	知识吸收能力对基于创新的多元化有显著的正向影响	通过
假设 2	知识吸收能力对基于复制的多元化有显著的负向影响	未通过
假设 3	知识创造能力对基于创新的多元化有显著的正向影响	通过
假设 4	知识创造能力对基于复制的多元化有显著的负向影响	未通过
假设 5	知识整合能力对基于创新的多元化有显著的正向影响	通过
假设 6	知识整合能力对基于复制的多元化有显著的负向影响	未通过
假设 7	知识吸收能力对知识整合能力有显著的正向影响	通过
假设 8	知识创造能力对知识整合能力有显著的正向影响	通过
假设 9	知识吸收能力对知识创造能力有显著的正向影响	通过

根据上述假设检验情况，基于知识的动态能力与多元化关系修正后的概念模型如图 5 – 5 所示。

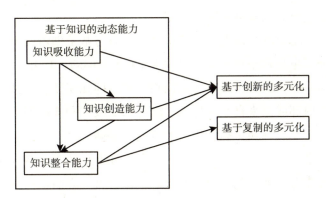

图 5 – 5　基于知识的动态能力与多元化关系修正后概念模型

5.4.4　动态能力与多元化关系讨论

在构建概念模型时，本书假设知识吸收、知识创造和知识整合能力均对基于创新的多元化有着显著的正向影响；而对基于复制的多元化有显著的负向影响。然而实证检验的结果却显示，其中知识吸收能力、知识创造能力、知识整合能力对基于创新的多元化的正向影响获得了支持，而知识吸收与知识创造能力对基于复制的多元化作用不显著，知识整合对基于复制的多元化的作用为正向影响。同时，知识吸收和知识创造能力对知识整合能力的正向影响也通过了实证检验。

综合上述结果可以得到三个结论：①知识吸收能力、知识创造能力、知识整合能力对于基于创新的多元化有着显著并直接的正向影响；②知识吸收和知识创造能力对多元化的影响部分是通过对知识整合能力的影响而间接作用的，即知识整合能力在知识吸收和知识创造能力对多元化的影响中起了部分中介作用；③知识整合能力对基于复制的多元化有显著正向影响。

上述结论与其他学者，尤其是知识观学派的学者有关的观点是一致的。知识的价值并不取决于知识的多少，而在于知识在多大程度上被有效地重组。知识整合能力是一项关键性能力，并且因其机制的复杂性和不易被模仿而对企业获取竞争优势有着重要影响。现有实证研究大多通过单个案例研究得出上述结论。本书作为基于大样本问卷调查的定量研究，可以被视为对上述研究的有益补充和拓展。

知识整合能力对知识吸收和知识创造能力与基于创新的多元化关系中介作用的证实也与科格特和桑德尔（Kogut & Zander, 1992）对"组合能力"（Combinative Capability）的讨论相一致，即知识整合中涉及的知识或是来自企业内部或是来自企业外部，因此知识吸收和知识创造两种能力越强都意味着企业发现知识整合机会的可能性越高，可供企业进行整合的知识资源越丰富[241]。这一中介作用一方面更加凸显了知识整合在各种基于知识的动态能力对多元化影响中的核心地位，另一方面也提醒企业管理者不应忽视对知识吸收和知识创造能力的关注，否则任何一种能力上的缺陷和不足都可能对知识整合能力及多元化产生消极的影响。

知识整合能力对基于复制的多元化有正影响。企业整合的知识可以是新获得或者新创的知识，也可以是既有的甚至是陈旧的资源。在不同类型知识之间的创造性组合可以产生许多极具创新性和竞争力的创意、技术、产品或服务。对于发展中国家的后发企业而言，一种典型的知识整合是利用自身在当地市场长期积累形成的对客户需求的深刻理解，同时汲取来自非本行业但属于相关领域的技术进步成果，开发更适合市场需求的新产品，即整合企业内部的原有的关于某一领域的市场知识与企业外部的新出现的来自另一领域的技术。

另外，知识吸收能力对知识创造能力的正向影响也得到了支持。这符合现有研究将发展中国家企业技术能力演化大致分为引进、吸收、改进和创造等阶段的观点，表明外源知识和内源知识之间并不是相互替代关系，外源知识的获取可以对内源知识的创造产生促进作用。

知识吸收能力、知识创造能力和知识整合能力与基于复制的多元化负相关并没有通过检验。表明基于复制的多元化与基于创新的多元化并不是相互对立的两个面，即基于知识的动态能力与基于复制的多元化负相关并不成立。知识吸收能力、知识创造能力和知识整合能力能促进企业原有知识的利用，巩固持续的竞争优势。在彭罗斯（Penrose，1959）看来，如果没有新知识的介入，管理者就很难为既有资源找到新的使用方法，或者与其他资源进行组合使用的方法，知识利用也就无从谈起。另外，由于企业所具有的初始优势随着时间流逝必将为竞争对手所消耗殆尽，因此，企业要在新市场中维持竞争优势，获取新知识也是不二法门。由此可见，企业多元化过程不仅只是一个转移已有知识的过程，更重要的它还应是一个不断获取新知识并将新知识与已有知识融会贯通、应用于新领域或新途径的过程。知识吸收能力、知识创造能力与基于复制的多元化的直接关系不明显，更多的是通过知识整合能力间接作用于基于复制的多元化。

5.5　小　　结

在第 4 章研究的基础上，本章通过文献和理论分析，剖析了基于知识的动态能力与多元化之间的关系，提出了 9 项假设以及概念模型。通过问卷调查和统计分析，对这些假设和概念模型进行实证检验。

本章设计了多元化类型的测度方法，并检验了多元化类型测度的效度和信度，获得了拟合效果较好的测量模型。

随后，本章通过结构方程建模的方法对基于知识的动态能力与多元化的关系概念模型进行了实证检验，经过逐次修正获得了最终确定模型。结果显示，大多数假设命题均通过检验。本章逐一讨论了该结果反映的各变量之间关系，指出了研究结论对现有文献的支持和证实，也概括了研究获得的新发现。同时，本章还就部分假设未被实证研究证实的原因进行了讨论，结合理论和实践给出了相应的解释。

第 *6* 章

动态能力对企业多元化绩效
影响的实证研究

　　本章旨在揭示基于知识的多元化与绩效之间的关系。根据国内外学者的研究，企业多元化主要分为相关多元化、不相关多元化两种。本书采用知识这个变量来定义多元化的不同类型，企业进入新的业务领域进行了知识利用，即企业将既有知识在不同业务间进行转移与共享以充分实现蕴含于其中的范围经济，则定义为基于复制的多元化；企业进入新的业务领域进行了知识开发，即企业进入新业务领域时获取了新的知识资源或竞争能力，则定义为基于创新的多元化。

　　无形资源、技能、知识和战略资源难以模仿，难以替代，能为企业带来竞争优势，因此，以无形资源、技能、知识和战略资源为基础的多元化才可以显著提高多元化企业绩效（Szeless，Wiersema & Stewens，2003）。

　　还有部分学者发现了相关性和绩效的权变关系。戴维斯等（Davis et al.，1992）区分生产相关性和营销相关性，并根据管理者的评价把二者分别划为弱相关和强相关，列出相关性类型与强弱关系矩阵[242]。结果表明，不同类型的相关性影响不同的业绩，强的生产相关性能产生高的ROA，而强的营销相关性能产生高的销售增长率。

　　本章主要是基于知识的多元化对绩效的影响，基于复制的多元化以知识利用为主，基于创新的多元化以知识开发为主，这两者对企业的绩效影响是不一样的。本书主要采取了文献归纳和问卷调查方法。通过问卷调查研究方法采集企业多元化和绩效的数据，对数据进行结构方程建模，检验本书提出的多元化与绩效关系的假设。

6.1 研究模型与假设

本章以动态能力、多元化为主要研究对象,围绕动态能力与多元化的关系、动态能力对多元化绩效的影响进行研究,通过理论分析构建了理论模型(如图6-1和6-2所示),阐释了动态能力与多元化绩效的内在联系。其中实线箭头表示自变量对因变量有显著的正影响,虚线箭头表示自变量对因变量有显著的负影响。

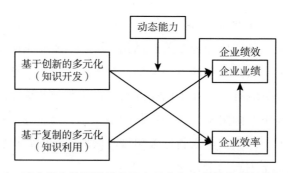

图6-1 动态能力较强的情况下多元化与企业绩效关系的概念模型

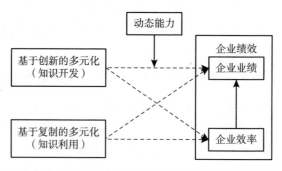

图6-2 动态能力较弱的情况下多元化与企业绩效关系的概念模型

模型的左边部分基于知识的多元化分类,突破了以往根据相关性对多元化进行分类的模式,有助于认清企业多元化业务的内在知识本质。从总体上看，该模型将知识观与动态能力、多元化结合，通过对动态能力与多元化绩效之间的关系分析，阐释了动态能力对多元化绩效的影响，有助于明晰基于知识的动态能力对多元化绩效的作用机制。

本书在第 3 章的分析中，论述并逐步提出了动态能力对多元化绩效影响的理论假设，构成了揭示动态能力与多元化绩效之间产生作用与影响机制的系统假设。具体假设表述如下：

假设 10：在动态能力较强的情况下，基于复制的多元化与企业业绩正相关。

假设 11：在动态能力较强的情况下，基于复制的多元化与企业效率正相关。

假设 12：在动态能力较弱的情况下，基于复制的多元化与企业业绩负相关。

假设 13：在动态能力较弱的情况下，基于复制的多元化与企业效率负相关。

假设 14：在动态能力较强的情况下，基于创新的多元化与企业业绩正相关。

假设 15：在动态能力较强的情况下，基于创新的多元化与企业效率正相关。

假设 16：在动态能力较弱的情况下，基于创新的多元化与企业业绩负相关。

假设 17：在动态能力较弱的情况下，基于创新的多元化与企业效率负相关。

假设 18：在动态能力较强的情况下，基于创新的多元化比基于复制的多元化对企业绩效的贡献更大。

假设 19：在动态能力较弱的情况下，基于复制的多元化比基于创新的多元化对企业绩效的贡献更大。

在接下来的实证分析中，本研究将对上述各假设的有效性与合理性进行验证，拟通过数理检验进一步明晰企业动态能力的强弱对不同类型多元化绩效的影响机制。

6.2 研究方法

6.2.1 数据收集

本章研究与第 4 章"动态能力构成与维度的实证研究"使用同一份问卷。事实上，该问卷同时包括了"动态能力与多元化的关系"、"基于知识的多元化与企业绩效的关系"三部分实证研究相关问题，因而在发放地域、发放对象和发放渠道等数据收集方面的设计和操作完全相同并已经在前面详细说明，描述性统计分析也在第 4 章介绍，在此不再赘述。

6.2.2 变量测度

本节将对多元化与企业绩效关系模型的各变量测度方法做介绍。而基于创新的多元化、基于复制的多元化测度已经在上一章进行了详细研究，在此不再赘述。

绩效是指经济活动产生的业绩和效果，包括经济活动结果的总量以及反映其质量的效率和效能。绩效既包括企业活动所取得业绩的绝对数量，也包括反映经济活动取得业绩的投入与产出，或成本与收益之间的对比关系即效率的相对大小。绩效是指业绩和效率的总和，绩效研究以业绩和效率为基础。

业绩和效率都是反映经济活动的结果和效果，但业绩强调经济活动的绝对数量方面的经营效果，效率则强调经济活动的成本与收益、投入与产出的对比关系，效率反映资源配置水平与人类满足程度，表现经济机构的盈利能力、竞争能力和可持续发展能力。业绩和效率又具有一定的联系，高效率可以促使组织获得最大的效益和业绩，提升效率是提高组织获利能力的手段，能够促使组织获取更多的效益和业绩。

绩效指组织的实际表现，包括经营效率与经营效果。效率是运用资源

146

的能力，将人力、物力、财力及时间作最佳分配；效果即是达成目标的程度，将资源运用后所产生的结果，达成目标者即为有效果。效率强调资源投入与产出间的比率；效果则注重最终产出是否达成组织目标。

企业经营中的各种活动与策略，主要的目标在于提升组织的绩效，战略与绩效的关系是战略管理中的重要的研究领域，因为绩效改进是战略的核心。企业绩效没有一定的理论，所以，学者就运用了一些科学方法和模式，如生产管理、心理学及经济学等，来为企业绩效找出衡量方式。文卡特拉曼和拉马努詹（Venkatraman & Ramanujam，1986）对企业绩效的衡量提出概念化的架构，分为三个构面：（1）财务绩效：投资报酬率、销售额成长率、每股盈余是为传统策略最常用的概念化范围。（2）经营绩效：市场占有率、新产品上市、产品品质、行销效能等非财务性指标。（3）企业绩效：除了包含财务绩效与经营绩效外，并包含达成组织各种冲突的目标，及各种内外关系人的目标满足在内[243]。

学者西拉吉（Szilagyi，1981）提出绩效准则并非单一的，而是多重的；绩效的焦点，可能是维持、改变或是发展性目标；绩效衡量的方式可以是"定量的/客观的"，也可以是"定性的/主观的"。

由诸学者对企业绩效的衡量的看法，可知要完整评估一个组织的绩效，除了要衡量财务上的产出绩效外，也要重视非财务的一些绩效指标，如市场占有率等。

所谓绩效评估指的是组织过去的效果与效率。所谓效果是指企业目标的实现程度；效率是企业投入产出的比率，也就是生产能力。虽然绩效衡量的指标繁多，但从文献中发现，效率是评估企业绩效好坏的重要指标。史密斯和瓦茨（Smith & Watts，1992）研究提出效率是衡量成长率的依据，也就是成长能力越高，效率越高。

根据沃克尔和吕克特（Walker & Ruekert，1987）的定义，衡量绩效可从两个方面入手：效果是指相对于竞争对手而言在市场上获得成功的程度，可采用销售增长率来衡量。效率是组织对资源的使用与配置，可以投资收益率来衡量。

佩勒姆（Pelham，1999）提出企业绩效测量指标包含：①销售指标：相对的产品品质、新产品成功率、顾客维持率。②占有率指标：销售额、销售成长率、目标市场的占有率。③获利率：ROE（股东报酬率）、毛利率与 ROI（投资报酬率）[244]。

谭等（Tan et al.，1999）指出企业绩效测量指标包含，市场占有率、总资产报酬率、年市场成长率、年销售成长率、年 ROA 成长、平均生产成本、整体顾客服务水准、整体产品品质。

休塞里德等（Huselid et. al.，1997）提出企业绩效测量指标包含，生产力、资产报酬率、Tobin's Q（股票市场价值）[245]。

泰尔齐奥斯基和萨逊（Terziovski & Samson，1999）指出企业绩效测量指标包含，顾客满意、员工士气、品质成本、最大运送量、缺点率、保证成本、生产力、现金流量、员工成长、市场占有率增长、销售额成长率、出口成长率[246]。

恩科莫（Nkomo，1987）提出企业绩效测量指标包含：①传统的财务绩效指标：盈收成长率、盈余成长率、纯收益率、资产报酬率。②人力资源绩效指标：员工每人平均获利率、员工每人平均资产额[247]。

本书从绝对数量与相对数量两方面来衡量企业绩效，绩效的绝对数量定义为企业业绩，绩效的相对数量定义为企业效率。综上所述，绩效的衡量可以通过衡量其业绩与效率来完成，业绩与效率的衡量可以通过衡量其财务指标或非财务指标来完成。本书采用以下指标来衡量企业业绩、企业效率，如表 6 - 1 所示。

表 6 - 1 企业绩效测度量表

维度	题项	主要文献依据
企业业绩	公司总资产收益率高于行业平均水平	Pelham，1999 Tan et al.，1999 Huselid et. al.，1997
	公司净资产收益率高于行业平均水平	
	公司销售利润率高于行业平均水平	
	公司销售增长率高于行业平均水平	
	公司市场占有率高于行业平均水平	
企业效率	公司投资收益率高于行业平均水平	Pelham，1999 Terziovski & Samson，1999 Nkomo，1987
	公司总资产周转率高于行业平均水平	
	公司产能利用率高于行业平均水平	
	公司劳动生产率高于行业平均水平	
	公司人均利润率高于行业平均水平	

6.2.3　统计分析方法

本章将通过结构方程建模的方法检验提出的基于知识的多元化与企业绩效关系模型（见本章图6-1）。在检验该模型之前，首先用探索性因子分析明确观测变量的内部结构，验证测度题项的合理性，随后用验证性因子分析检验各观测变量的因子结构与先前的构想是否相符。然后根据动态能力的强弱将样本分成两组，高动态能力组和低动态能力组，进行多群组结构方程模型检验（嵌套模型比较）。

嵌套模型比较可进行模型配对的检验，检验时以参数限制较少的模型作为基准模型，将基准模型与参数限制较多的模型进行配对比较，称为嵌套模型。配对模型比较时参数限制较多（模型中待估计的自由参数较少，自由度较大）模型的卡方值（模型与数据的不一致函数）假设为 Cr，自由度假设为 dr；参数限制较少模型（模型中待估计的自由参数较多，相对的自由度较小）的卡方值假设为 Cm，自由度假设为 dm，若是参数限制较少的模型假定为正确模型，配对模型卡方统计量的差异量等于 Cr － Cm，卡方值分布的自由度等于 dr － dm，虚无假设是参数限制较少的模型与参数限制较多的模型可视为相同的模型，此时模型差异的卡方值显著性概率值 $p > 0.05$。

假定多群组模型比较的基准模型为模型 A（预设模型），其他模型均与模型 A 比较，以模型 B（路径系数相等模型）为例，其检验的虚无假设与对立假设如下：

虚无假设：模型 B ＝ 模型 A

对立假设：模型 B ≠ 模型 A

若是检验的卡方值达到显著（$p < 0.05$），则拒绝虚无假设，接受对立假设，即模型 B 与模型 A 之间是有差异的。相反的，如果检验的卡方值未达到 0.05 显著水平，则接受虚无假设，拒绝对立假设，即模型 B 和模型 A 之间是没有差异的，两个模型可视为相同的模型。

若是两个模型卡方值差异量的显著性 $p < 0.05$，则拒绝两个模型无差异的虚无假设，如果两个模型卡方值差异量的显著性 $p > 0.05$，则接受两个模型无差异的虚无假设，同时 NFI、IFI、RFI、TLI 值的增加量若小于

149

0.05，则可接受两个模型无差异的虚无假设（Little，1997）[248]。若两个模型卡方值差异量显著（$p < 0.05$），则接受两个模型有差异（不同）的对立假设，即调节变量对自变量与因变量之间的关系有显著的调节效应。

其他数据分析方法还包括对各变量的测度进行信度检验以及样本数据的偏度和峰度分析等。上述分析中，结构方程模型检验和验证性因子分析将采用 AMOS20.0 软件，其他分析采用 SPSS20.0 软件。

6.3　样本信度及效度检验

6.3.1　样本容量与分布

探索性因子分析使用的样本均为从 312 份样本中随机抽取的 100 份，验证性因子分析和基于知识的多元化与企业绩效关系模型检验使用的样本为抽取后所剩余的 212 份。一般认为，样本容量至少大于 150，才适合使用极大似然法对结构方程模型进行估计（Ding et al.，1995）。因此本书已达到最低样本容量要求。同时，数据的正态分布也是使用极大似然法对结构方程模型进行估计的要求。一般认为，样本数据满足中值与中位数相近，偏度小于 2，同时峰度小于 5 的条件时，即可认为其服从正态分布。使用 SPSS20.0 对本书样本数据进行偏度和峰度分析的结果见表 6 - 2，本书各题项的样本数据均符合正态分布要求。

表 6 - 2　　　　　企业绩效样本数据的描述性统计和正态分布性

测量项目	样本数量	均值	标准差	偏度	偏度标准误差	峰度	峰度标准误差
G1	312	3.25	0.939	- 0.378	0.138	0.297	0.275
G2	312	3.33	0.915	- 0.542	0.138	0.011	0.275
G3	312	3.37	0.922	- 0.491	0.138	0.122	0.275
G4	312	3.21	0.989	- 0.435	0.138	0.132	0.275
G5	312	3.38	0.965	- 0.447	0.138	- 0.135	0.275
H1	312	3.31	0.890	- 0.315	0.138	- 0.390	0.275

测量项目	样本数量	均值	标准差	偏度	偏度标准误差	峰度	峰度标准误差
H2	312	3.25	0.876	-0.336	0.138	-0.504	0.275
H3	312	3.33	0.872	-0.161	0.138	-0.098	0.275
H4	312	3.37	1.058	-0.085	0.138	-0.566	0.275
H5	312	3.38	1.005	-0.485	0.138	0.049	0.275

6.3.2 信度分析

接下来通过计算绩效变量的题项-总体相关系数（CITC），并计算每个变量的一致性指数（Cronbach's α），来评价对绩效测度的信度。同时，观测删除每一个题项后一致性指数（Cronbach's α）的变化情况，以确定是否可以删除某些题项以提高整体信度。

1. 企业业绩的信度分析

采用 CITC 法和 α 信度系数法净化量表的测量题项（见表 6-3）。在企业业绩的测量题项中，删除任何题项后 α 系数反而会下降，因此保留所有测量题项。企业业绩所有测量题项的整体信度系数为 0.940，大于 0.7，可见，变量的题项之间具有较好的内部一致性。量表符合研究的要求。

表 6-3　　　　　　企业业绩测量题项的 CITC 和 α 系数

测量题项	CITC	删除该题后的 α 系数	α 系数
G1	0.817	0.930	
G2	0.883	0.918	
G3	0.895	0.916	α 系数 = 0.940
G4	0.816	0.931	
G5	0.787	0.936	

2. 企业效率的信度分析

采用 CITC 法和 α 信度系数法净化量表的测量题项（见表 6-4）。在企业效率的测量题项中，删除任何题项后 α 系数反而会下降，因此保留所有测量题项。企业效率所有测量题项的整体信度系数为 0.950，大于 0.7，可见，变量的题项之间具有较好的内部一致性。量表符合研究的要求。

表6-4　　　　　　企业效率测量题项的 CITC 和 α 系数

测量题项	CITC	删除该题后的 α 系数	α 系数
H1	0.907	0.932	α 系数 = 0.950
H2	0.876	0.937	
H3	0.901	0.933	
H4	0.847	0.943	
H5	0.812	0.948	

6.3.3　探索性因子分析

本书将先用探索性因子分析寻求数据的基本结构，检验测量题项的结构效度，再在此基础上做验证性因子分析，这样便需要使用不同的样本集进行分析。对于同一批次回收的问卷数据，通常的做法是先抽取部分数据做探索性因子分析，然后再把析取的因子用剩下的数据做验证性因子分析。

在进行因素分析时，学者戈萨奇（Gorsuch，1983）认为，题项与受试者的比例最好为 1:5，且受试样本总数不得少于 100 人。鉴于本次因子分析中需要处理的最多变量数不超过 20，100 份样本即可较好满足要求。因此，本书从 312 份有效问卷中随机提取了 100 份来进行探索性因子分析。

在因子分析前，先检验指标间的相关性。KMO 样本测度和 Bartlett 球体检验结果如表6-5所示。其中，KMO 值为 0.934 大于 0.7，且 Bartlett 统计值显著异于 0，因此适合进一步做因子分析。

表6-5　　　　企业绩效探索性因子分析的 KMO 和 Bartlett 检验

Kaiser - Meyer - Olkin 取样适当性测量值	KMO	0.934
Bartlett 球体检验	近似卡方	1235.785
	df	45
	Sig.	0.000

随后对样本进行探索性因子分析。因子提取法采用主成分法，按特征根大于 1 的方式抽取因子个数，旋转方法为最大方差法，结果如表 6 - 6 所示。

表 6 - 6　　　　　　　　　企业绩效探索性因子分析

维度	题项	因子载荷	
		1	2
企业效率	H5	0.914	0.214
	H1	0.789	0.508
	H3	0.776	0.506
	H4	0.751	0.485
	H2	0.696	0.619
企业业绩	G2	0.677	0.653
	G5	0.227	0.920
	G3	0.540	0.753
	G4	0.491	0.705
	G1	0.602	0.650

在一个共同因素中若是包含不同向度的测量题项，可保留测量题项较多的构面，而删除非归属于原构面中的因素负荷量最大的测量题项，因为因素负荷量最大表示此测量题项与此共同因素关系最为密切，若将此测量题项删除后，整个共同因素的结构会重新调整。根据这一原则将题项 G2 删除。

之后继续进行因子分析，KMO 值为 0.919 大于 0.7，且 Bartlett 统计值显著异于 0，因此适合进一步做因子分析。因子提取法采用主成分法，按特征根大于 1 的方式抽取因子个数，旋转方法为最大方差法，结果如表 6 - 7 所示。

表 6 - 7　　　　　　　　　企业绩效探索性因子分析

维度	题项	因子载荷	
		1	2
企业效率	H5	0.915	0.213
	H1	0.789	0.506
	H3	0.778	0.507
	H4	0.753	0.487
	H2	0.696	0.616

续表

维度	题项	因子载荷	
		1	2
企业业绩	G5	0.230	0.922
	G3	0.540	0.750
	G4	0.493	0.706
	G1	0.605	0.652

题项 H2 在两个构面中的因子载荷均大于 0.6 且比较接近，因此删除 H2，再进行因子分析。KMO 样本测度和 Bartlett 球体检验结果如表 6 - 8 所示。其中，KMO 值为 0.897 大于 0.7，且 Bartlett 统计值显著异于 0，因此适合进一步做因子分析。

表 6 - 8   企业绩效探索性因子分析的 KMO 和 Bartlett 检验

Kaiser - Meyer - Olkin 取样适当性测量值	KMO	0.897
Bartlett 球体检验	近似卡方	856.921
	df	28
	Sig.	0.000

随后对样本进行探索性因子分析。因子提取法采用主成分法，按特征根大于 1 的方式抽取因子个数，旋转方法为最大方差法，结果如表 6 - 9 所示。8 个题项共抽取 2 个因素，因素特征值均大于 1，累积解释变异量为 84.206%，各个题项的因子载荷量均在 0.55 以上，表示各题项概念均能反映其因素构念，因而都符合统计要求。根据因子载荷的分布来判断，企业业绩、企业效率两个变量的题项均根据预期归入了同一因子，通过了探索性因子分析的效度检验。

表 6 - 9   企业绩效探索性因子分析

维度	题项	描述性统计分析		因子载荷	
		均值	标准差	1	2
企业效率	H5	3.38	1.008	0.920	0.218
	H1	3.31	0.893	0.785	0.507

续表

维度	题项	描述性统计分析		因子载荷	
		均值	标准差	1	2
企业效率	H3	3.33	0.875	0.775	0.509
	H4	3.37	1.062	0.754	0.491
企业业绩	G5	3.38	0.969	0.229	0.924
	G3	3.37	0.925	0.536	0.751
	G4	3.21	0.992	0.499	0.711
	G1	3.25	0.943	0.502	0.654
特征值				3.581	3.155
方差解释量（%）				44.766	39.440
累积方差贡献率（%）				44.766	84.206

6.3.4　验证性因子分析

在结构方程模型分析中，如果只做因子间的相关（以双向弧形箭头表示），而不是因子间的因果效应（以单向直线箭头表示），这类分析统称为验证性因子分析。即结构方程模型由两部分组成，分别是测量模型和结构模型，测量模型即是验证性因子分析模型。

验证性因子分析是对研究问题有所了解的基础上，对已有的理论模型与数据拟合程度的一种验证。不同于探索性因子分析，验证性因子分析强调对测量模型的限定，在消除测量误差的情况下观察测量指标与假设模型的拟合程度。如果估计的模型与样本数据得到很好的拟合，就可以认为测量量表的结构效度得到支持。如果两者的拟合程度较差，可以观察模型估计过程中产生的修正指数考虑是否可以通过改变某些限定条件提高模型拟合度。在进行验证性因子分析时必须明确：公因子的个数、观测变量的个数、观测变量与公因子之间的关系以及公因子之间的关系。

测量量表的结构效度又可细分为收敛效度和区别效度。将用结构方程中的验证性因子分析法检验样本数据是否具有结构效度，即收敛效度和区别效度。

对于区别效度，主要是求两两因子之间限制模型与未限制模型的 χ^2 值的差，如果两者之 χ^2 值的差异显著，说明两因子之间具有良好的区别

155

效度。企业绩效有两个因子，对它们进行配对，求得区别效度的检验，这配对 χ^2 值的差均达到显著水平（$p < 0.05$），显示两个因子之间彼此区别效度良好。限制模型与未限制模型两者的 χ^2 值的差值及其显著性如表 6-10 所示。

表 6-10　　　　企业绩效验证性因子分析模型区别效度

两两配对因子	未限制模型		限制模型		χ^2 值之差及其显著性		
	χ^2 值	df	χ^2 值	df	χ^2 值之差	df	p 值
企业业绩 – 企业效率	293.083	19	328.466	20	35.383	1	0.000

在上述两个配对测量模型构面区别效度的检验方面，两个配对测量模型构面的未限制模型与限制模型的卡方值差异达 0.05 显著水平，且未限制模型的卡方值显著低于限制模型的卡方值，表示企业绩效量表具有高度的区别效度。

企业绩效由两个潜变量构成，分别是企业业绩、企业效率。他们各有 4 个测量指标。结构方程模型中企业绩效验证性因子分析模型如图 6-3 所示。

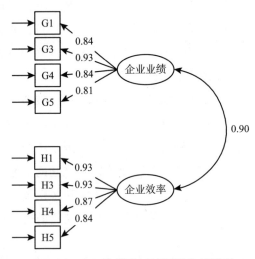

图 6-3　企业绩效验证性因子分析模型

通过运用 AMOS20.0 并导入测量数据，对企业绩效的验证性因子分析模型进行分析，结果如表6-11所示。

表6-11　　　　　　　　　企业绩效验证性因子分析参数估计

	标准化系数	S. E.	C. R. （t 值）	P	R^2
G1 < − − − 企业业绩	0.844	—	—	—	0.713
G3 < − − − 企业业绩	0.930	0.060	18.172	***	0.865
G4 < − − − 企业业绩	0.844	0.069	15.490	***	0.713
G5 < − − − 企业业绩	0.810	0.069	14.139	***	0.656
H1 < − − − 企业效率	0.931	—	—	—	0.867
H3 < − − − 企业效率	0.932	0.040	24.685	***	0.868
H4 < − − − 企业效率	0.868	0.055	20.003	***	0.754
H5 < − − − 企业效率	0.837	0.055	18.602	***	0.700
拟合优度指标 χ^2 = 19.942 df = 14 p = 0.132					
χ^2/df	GFI	AGFI	RMSEA	NFI	TLI
1.424	0.977	0.942	0.045	0.989	0.993

注：未列 t 值者为参照指标，是限制估计参数。*** 表示 $p < 0.001$。

从绝对拟合指标来看，χ^2 = 19.942，df = 14，χ^2/df = 1.424 < 3，表明拟合结果较好。由于卡方检验的局限性，因此继续检验其他的指标。GFI = 0.977，大于0.9的临界要求，AGFI = 0.942，大于0.9，RMSEA = 0.045，小于临界要求0.08，总体上模型拟合的较好；继续从相对拟合指标来看，NFI = 0.989，TLI = 0.993，均大于可接受值0.9，因此可知企业绩效验证性因子分析模型拟合较好，接下来进行收敛效度分析。

对于收敛效度，如上表所示，整体模型的卡方自由度比值 = 1.424 < 3，RMSEA 值 = 0.045 < 0.08，AGFI 值 = 0.942 > 0.9，GFI 值 = 0.977 > 0.9，均达模型适配标准，表示测量模型与样本数据可以契合，各构面的收敛效度佳。8个测量指标的因素负荷量均大于0.7，其能被潜在因素解释变异（R^2）均在0.5以上，表示这些测量指标变量的信度指数佳。

6.4 聚 类 分 析

聚类分析是对某些指标及样本进行分类的常用的统计分析方法，其基本思路是将数据或指标按照相互间的相似程度进行分类，使得每一类别中的各个数据或指标的相似性达到最大，同时不同类别之间的相似程度达到最小。在本书中，由于需要对动态能力进行分类，以分析不同动态能力下企业多元化与绩效的关系，聚类分析便提供了一个可行的分类途径。

当需要对数据或指标进行分类时，通过聚类分析能对这些无序的数据或指标以一定的规则以及合理的路径将其进行分类。不同的规则对于整个系统的分类结果存有差异，系统聚类法和快速聚类法是较常用的两种分析方法。

系统聚类法是将样本按照类与类间的"距离"或者"间隔"进行分类，其首先将最近的两类进行合并成为一类，接着再将最近的两类进行合并，以此类推，直至将所有需分类的数据样本合成为一类。数据样本间的距离是度量样本远近的工具，目前比较普遍的算法有欧式距离、绝对值距离、切比雪夫距离等。快速聚类法是对系统聚类法的补充，其方法比较简单，且较易实现。快速聚类法需要给定一个初始聚类中心，这个中心点也可以由系统自动给出。按照研究目的，可以事先对样本需要的分类数目进行界定，按照与给定的中心点趋近原则，将样本进行分类。随后，经过多次迭代，能达到满足指定水平的样本分类以及各类的中心点。

聚类分析可以通过 SPSS 软件进行操作，并且简单易懂。其能在样本数据中，以数学统计方法找出相似点，并能将相近的数据或样本归为同类，为研究者分析某些指标及样本间的共同点以及差异性提供数学依据。为了对企业动态能力进行分类，本研究采用聚类分析法中的快速分析法（K–means），将基于知识的动态能力按高低进行分类。

6.4.1　动态能力聚类分析

根据第3章分析结果，基于知识的动态能力包含知识吸收、知识创造、知识整合能力三个维度，每个维度各有四个观测变量。利用这三个潜变量作为分类变量，通过 SPSS20.0 作聚类分析，初始聚类中心如表6-12 所示。

表6-12　　　　　　　　　　初始聚类中心

变量	Cluster	
	低动态能力组	高动态能力组
知识吸收能力	6	20
知识创造能力	6	20
知识整合能力	8	20

通过快速聚类分析，将312个样本分为两组，低动态能力组126个样本，高动态能力组186个样本（见表6-13）。为了进一步检验聚类分析所得到的结果是否可靠，对这两类样本进行单因子方差分析。

表6-13　　　　　　　　　　分类样本数

Cluster	低动态能力组	126.000
	高动态能力组	186.000
Valid		312.000
Missing		0.000

从表6-14 中可以看出，动态能力的三个维度：知识吸收、知识创造、知识整合，低能力组的均值都小于高能力组的均值；根据表6-15 的方差分析可知，对这三个潜变量而言，$p = 0.000 < 0.05$，均达到显著水平，因此拒绝虚无假设，接受对立假设，表示不同能力组的样本在动态能力的三个维度间均有显著差异存在。

表 6 – 14　　　　　　　　　　描述性统计

变量		个数	均值	标准差	标准误	均值95%置信区间		最小值	最大值
						下限	上限		
知识吸收能力	低能力组	126	10.43	2.981	0.266	9.90	10.95	4	15
	高能力组	186	16.65	1.775	0.130	16.39	16.90	12	20
	总和	312	14.13	3.844	0.218	13.71	14.56	4	20
知识创造能力	低能力组	126	11.62	2.797	0.249	11.13	12.11	6	15
	高能力组	186	17.39	1.644	0.121	17.15	17.62	14	20
	总和	312	15.06	3.576	0.202	14.66	15.46	6	20
知识整合能力	低能力组	126	11.19	2.331	0.208	10.78	11.60	8	18
	高能力组	186	15.71	2.164	0.159	15.40	16.02	11	20
	总和	312	13.88	3.147	0.178	13.53	14.24	8	20

表 6 – 15　　　　　　　　　　方差分析

变量		平方和	自由度	平均平方和	F检验	Sig.
知识吸收能力	组间	2902.908	1	2902.908	531.405	0.000
知识创造能力	组间	2499.118	1	2499.118	524.228	0.000
知识整合能力	组间	1534.095	1	1534.095	307.662	0.000

6.4.2　多元化聚类分析

根据第5章分析结果，基于知识的多元化可以分基于复制的多元化、基于创新的多元化两类，本书将采用基于知识的多元化作为分类变量，通过 SPSS20.0 进聚类分析，初始聚类中心如表 6 – 16 所示。

表 6 – 16　　　　　　　　　　初始聚类中心

	Cluster	
	基于复制的多元化	基于创新的多元化
分类变量	7	25

通过快速聚类分析，将 312 个样本分为两组，基于复制的多元化有 132 个样本，基于创新的多元化有 180 个样本（见表 6 – 17）。为了进一步

检验聚类分析所得到的结果是否可靠，对这两类样本进行单因子方差
分析。

表 6 – 17 分类样本数

Cluster	基于复制的多元化	132.000
	基于创新的多元化	180.000
Valid		312.000
Missing		0.000

从表 6 – 18 中可以看出，比较两组的分类变量，基于复制的多元化的
均值小于基于创新的多元化；根据表 6 – 19 的方差分析中可知，对分类变
量而言，$p = 0.000 < 0.05$，均达到显著水平，因此拒绝虚无假设，接受对
立假设，表示不同类型多元化的样本其分类变量有显著差异存在。

表 6 – 18 描述性统计

分类	个数	均值	标准差	标准误	均值95%置信区间		最小值	最大值
					下限	上限		
基于复制的多元化	132	13.95	2.392	0.208	13.54	14.37	7	17
基于创新的多元化	180	20.77	2.223	0.166	20.44	21.09	18	25
总和	312	17.88	4.076	0.231	17.43	18.34	7	25

表 6 – 19 方差分析

		平方和	自由度	平均平方和	F 检验	Sig.
分类变量	组间	3533.919	1	3533.919	670.480	0.000

6.4.3 多元化的绩效检验

在聚类分析的基础上，本书将对不同动态能力水平，不同多元化类型
的企业绩效进行分析，也就是对假设 18 ~ 19 进行检验。前文将动态能力
分为高、低两组样本，多元化分为复制、创新两类，组合起来共有四种情

景（见表6-20）。

表6-20 不同动态能力、多元化情景下的企业绩效假设

动态能力水平	多元化类型	企业绩效假设
低	复制	高
	创新	低
高	复制	低
	创新	高

　　前面通过快速聚类分析，将312个样本分为高动态能力、低动态能力两组。在动态能力较强的情况下，基于复制的多元化与基于创新的多元化绩效有何差异，本书对这两类样本进行单因子方差分析。根据前面的变量测度，企业绩效用企业业绩、企业效率两个潜变量表示。

表6-21 描述性统计

分类		个数	均值	标准差	标准误	均值95%置信区间		最小值	最大值
						下限	上限		
企业业绩	基于复制的多元化	24	8.75	2.642	0.539	7.63	9.87	5	12
	基于创新的多元化	162	15.07	2.990	0.235	14.61	15.54	4	20
	总和	186	14.26	3.628	0.266	13.73	14.78	4	20
企业效率	基于复制的多元化	24	10.75	3.011	0.615	9.48	12.02	8	15
	基于创新的多元化	162	15.26	3.294	0.259	14.75	15.77	4	20
	总和	186	14.68	3.587	0.263	14.16	15.20	4	20

　　从表6-21中可以看出，在动态能力较强的情况下，基于复制的多元化绩效指标的均值都小于基于创新的多元化（见图6-4和图6-5）。根据表6-22的方差分析中可知，对企业绩效的两个潜变量而言，$p = 0.000 < 0.05$，均达到显著水平，因此拒绝虚无假设，接受对立假设，表示在动态能力较强的情况下，不同类型多元化的绩效存在显著差异，即基于创新的多元化

绩效显著高于基于复制的多元化。

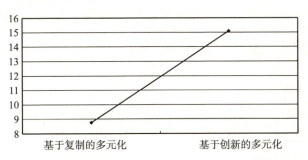

图 6 - 4　高动态能力下不同多元化类型企业业绩的差异

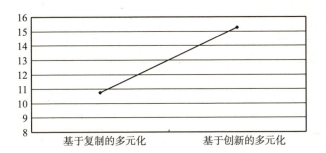

图 6 - 5　高动态能力下不同多元化类型企业效率的差异

表 6 - 22　　　　　　　　　　　**方差分析**

分类		平方和	自由度	平均平方和	F 检验	Sig.
企业业绩	组间	836.002	1	836.002	96.164	0.000
企业效率	组间	425.034	1	425.034	39.991	0.000

　　接下来检验在动态能力较弱的情况下，基于复制的多元化与基于创新的多元化绩效有何差异，仍然对这两类样本进行单因子方差分析。

　　从表 6 - 23 中可以看出，在动态能力较弱的情况下，基于复制的多元化绩效指标的均值都小于基于创新的多元化（见图 6 - 6 和图 6 - 7）。根据表 6 - 24 的方差分析中可知，对企业绩效的两个潜变量而言，$p > 0.05$，均未达到显著水平，因此接受虚无假设，表示在动态能力较弱的情况下，不同类型多元化的绩效不存在显著差异。

表6－23   描述性统计

分类		个数	均值	标准差	标准误	均值95％置信区间		最小值	最大值
						下限	上限		
企业业绩	基于复制的多元化	108	11.50	2.302	0.222	11.06	11.94	6	16
	基于创新的多元化	18	12.67	2.567	0.605	11.39	13.94	10	16
	总和	126	11.67	2.366	0.211	11.25	12.08	6	16
企业效率	基于复制的多元化	108	11.17	2.277	0.219	10.73	11.60	7	15
	基于创新的多元化	18	13.33	2.114	0.498	12.28	14.38	11	16
	总和	126	11.48	2.372	0.211	11.06	11.89	7	16

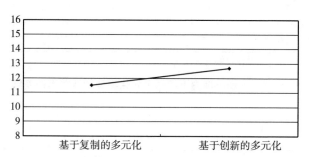

图6－6 低动态能力下不同多元化类型企业业绩的差异

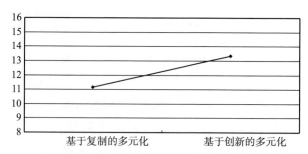

图6－7 低动态能力下不同多元化类型企业效率的差异

表 6 – 24 方差分析

分类		平方和	自由度	平均平方和	F 检验	Sig.
企业业绩	组间	21.000	1	21.000	3.835	0.052
企业效率	组间	72.429	1	72.429	14.233	0.056

6.5 结构方程模型检验

结构方程模型一般可分为三大类的分析：纯粹验证、选择模型和产生模型。纯粹验证分析指用一个已建立的模型拟合一组样本数据，其分析目的是通过验证模型是否拟合样本数据，从而决定接受还是拒绝该模型；选择模型分析指事先建立多个不同的可能模型，依据各模型拟合样本数据的优劣情况进行模型的选择；产生模型分析指事先建构一个或多个基本模型，检查这些模型是否拟合数据，基于理论或样本数据分析，针对模型中拟合欠佳的部分，修正模型，并通过同一数据或其他样本数据检查修正模型的拟合程度，其分析目的是通过不断地调整和修正产生一个最佳模型。

本书属于产生模型分析，即通过前面章节提出的基于知识的动态能力与企业多元化的微观结构关系模型以及本章的研究假设，构建结构方程模型，然后通过理论或数据分析对其进行修正，从而产生一个既符合理论推导又符合实践情况的相对拟合较好的模型。

本节的结构方程建模分析主要包括两步，首先用两组不同动态能力水平的样本分别对图 6 – 1 和图 6 – 2 的概念模型进行结构方程模型检验；然后进行嵌套模型比较。

6.5.1 模型构建与拟合

基于图 6 – 1 所构建的多元化类型与企业绩效关系的概念模型，本书设置了初始结构方程模型（见图 6 – 8）。采用高动态能力组 186 个样本，使用 AMOS20.0 对上述结构方程模型进行分析，拟合结果如表 6 – 25 所示。

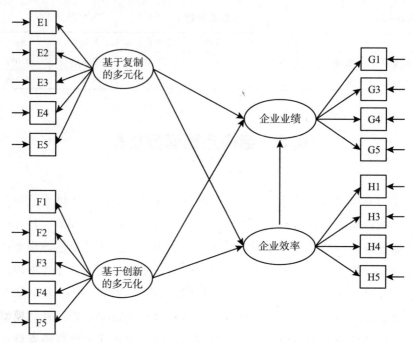

图 6 - 8　动态能力较强的情况下多元化与企业绩效关系的概念模型

表 6 - 25　　　　动态能力较强的情况下多元化与企业绩效
关系的模型拟合结果

分类	标准化系数	S. E.	C. R.（t 值）	P
企业效率 < - - - 基于创新的多元化	0.281	0.203	4.078	***
企业效率 < - - - 基于复制的多元化	0.635	0.077	9.679	***
企业业绩 < - - - 基于复制的多元化	0.264	0.057	5.139	***
企业业绩 < - - - 基于创新的多元化	0.094	0.107	2.436	0.015
企业业绩 < - - - 企业效率	0.738	0.060	11.626	***
拟合优度指标χ^2 = 413.350 df = 258				
χ^2/df	GFI	AGFI	RMSEA	NFI
1.602	0.918	0.961	0.020	0.913

注：未列 t 值者为参照指标，是限制估计参数。*** 表示 $p < 0.001$。

根据表 6 - 25，该结构模型的 χ^2 = 413.350，df = 258，χ^2/df 值为 1.602，小于 2。RMSEA 的值为 0.020，小于 0.08。同时，CFI 和 NFI 都大于 0.9，分别为 0.918 和 0.913。绝对拟合指标中的 χ^2/df 处于拟合较好

范围内，RMSEA 处于可以接受的范围内；而两个相对拟合指标（CFI 和 NFI）也均在拟合可以接受范围内。可以看出，该模型拟合结果在各绝对拟合指标和相对拟合指标上都处于可以接受或较好的范围。模型中各路径系数相应的 C. R. 值均大于 1. 96 的参考值，其中有 4 条路径系数在 $p < 0.001$ 的水平上具有统计显著性，有 1 条路径系数在 $p < 0.05$ 的水平上具有统计显著性。因此本书将此模型作为最终的确定模型（见图 6 – 9）。

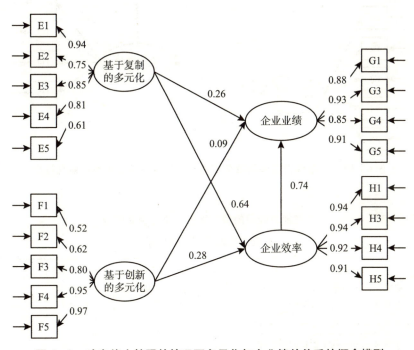

图 6 – 9　动态能力较强的情况下多元化与企业绩效关系的概念模型

基于图 6 – 2 所构建的多元化类型与企业绩效关系的概念模型，本书设置了初始结构方程模型（见图 6 – 10）。采用低动态能力组 126 个样本，使用 AMOS20.0 对上述结构方程模型进行分析，拟合结果如表 6 – 26 所示。

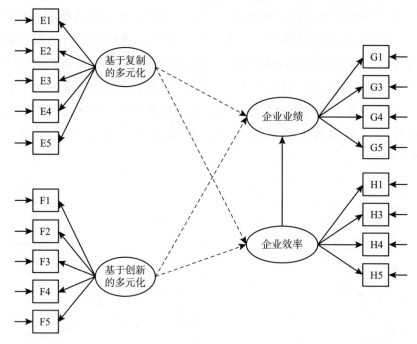

图 6 – 10 动态能力较弱的情况下多元化与企业绩效关系的概念模型

表 6 – 26 动态能力较弱的情况下多元化与企业绩效
关系的初始模型拟合结果

分类	标准化系数	S. E.	C. R. （t值）	P
企业业绩 < – – – 基于复制的多元化	– 0.930	0.099	– 3.988	***
企业效率 < – – – 基于创新的多元化	– 0.779	0.351	– 5.068	***
企业效率 < – – – 基于复制的多元化	– 0.430	0.133	– 3.910	***
企业业绩 < – – – 基于创新的多元化	– 0.467	0.285	– 4.406	***
拟合优度指标 χ^2 = 231.636 df = 130				
χ^2/df	GFI	AGFI	RMSEA	NFI
1.782	0.991	0.931	0.067	0.937

注：未列 t 值者为参照指标，是限制估计参数。 *** 表示 $p < 0.001$。

根据表 6 – 26，该结构模型的 χ^2 = 231.636，df = 130，χ^2/df 值为
1.782，小于 2。RMSEA 的值为 0.067，小于 0.08。同时，CFI 和 NFI
都大于 0.9，分别为 0.991 和 0.937。绝对拟合指标中的 χ^2/df 处于拟合

较好范围内，RMSEA 处于可以接受的范围内；而两个相对拟合指标（CFI 和 NFI）也均在拟合可以接受范围内。同时，该模型拟合结果显示，变量之间共有 4 条路径在 $p < 0.001$ 的水平上是显著的。可以看出，该模型拟合结果在各绝对拟合指标和相对拟合指标上都处于可以接受或较好的范围。因此本书将此模型作为最终的确定模型（见图 6 – 11）。

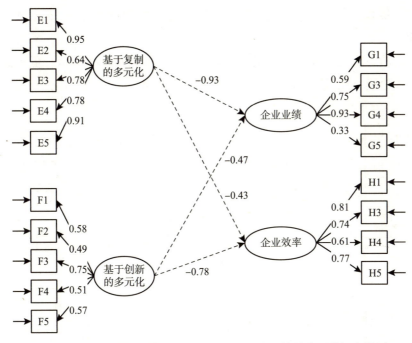

图 6 – 11　动态能力较弱的情况下多元化与企业绩效关系的概念模型

6.5.2　嵌套模型比较

本小节主要检验基于知识的动态能力对"基于知识的多元化—企业绩效"的调节效应。前文通过聚类分析将样本分为高动态能力、低动态能力两组，设定多群组模型比较的基准模型为未限制模型（预设模型），限制模型（所有路径系数相等的模型）均与未限制模型比较，其检验的虚无假设与对立假设如下：

虚无假设：限制模型 = 未限制模型

对立假设：限制模型 ≠ 未限制模型

若是两个模型卡方值差异量的显著性 $p < 0.05$，则拒绝两个模型无差异的虚无假设，如果两个模型卡方值差异量的显著性 $p > 0.05$，则接受两个模型无差异的虚无假设，同时 NFI、IFI、RFI、TLI 值的增加量若小于 0.05，则可接受两个模型无差异的虚无假设（Little，1997）。若两个模型卡方值差异量显著（$p < 0.05$），则接受两个模型有差异（不同）的对立假设，即调节变量对自变量与因变量之间的关系有显著的调节效应。

高动态能力组理论模型图及变量参数名称如图 6 – 12 所示，低动态能力组理论模型图及变量参数名称如图 6 – 13 所示。

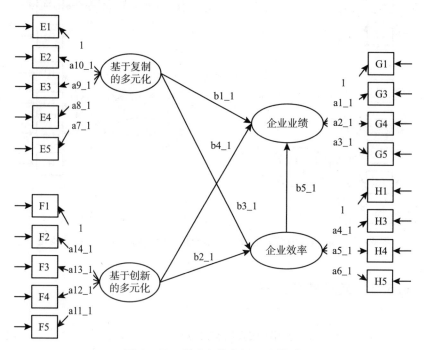

图 6 – 12　高动态能力组理论模型

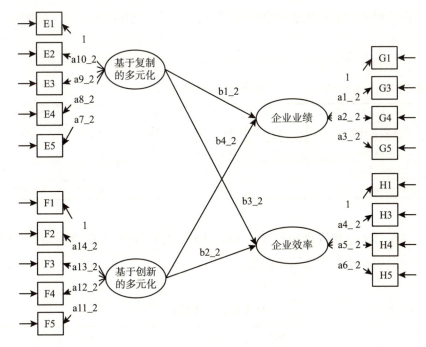

图 6 – 13 低动态能力组理论模型

　　未限制模型不对模型中的任何参数作限制，限制模型则令高、低两组模型的测量系数、结构系数相等，如表 6 – 27 所示。

表 6 – 27　　　　　　　　　**未限制模型与限制模型的参数界定**

分类	未限制模型	限制模型
测量系数	—	a1_1 = a1_2　　a2_1 = a2_2 a3_1 = a3_2　　a4_1 = a4_2 a5_1 = a5_2　　a6_1 = a6_2 a7_1 = a7_2　　a8_1 = a8_2 a9_1 = a9_2　　a10_1 = a10_2 a11_1 = a11_2　　a12_1 = a12_2 a13_1 = a13_2　　a14_1 = a14_2
结构系数	—	b1_1 = b1_2　　b2_1 = b2_2 b3_1 = b3_2　　b4_1 = b4_2

　　表 6 – 28 检验了限制模型和未限制模型的卡方值及其卡方与自由度之

比，两个模型的 p 都大于 0.05，且卡方与自由度之比都小于 2，说明模型拟合良好。

表 6 - 28　　　　　　　　　　　　嵌套模型卡方检验

Model	NPAR	CMIN	DF	P	CMIN/DF
未限制模型	83	414.730	259	0.123	1.601
限制模型	65	473.171	277	0.124	1.708
Saturated model	342	0.000	0		
Independence model	36	850.588	306	0.000	7.790

表 6 - 29 是基线比较结果，NFI、RFI、IFI、TLI、CFI 指标在限制模型和未限制模型中并无明显改变。

表 6 - 29　　　　　　　　　　　　嵌套模型基线比较

Model	NFI Delta1	RFI rho1	IFI Delta2	TLI rho2	CFI
未限制模型	0.913	0.925	0.929	0.940	0.926
限制模型	0.906	0.932	0.902	0.948	0.901
Saturated model	1.000		1.000		1.000
Independence model	0.000	0.000	0.000	0.000	0.000

表 6 - 30 的 RMSEA 指标在限制模型和未限制模型中均小于 0.05，说明限制模型和未限制模型都有良好的模型拟合。

表 6 - 30　　　　　　　　　　　　嵌套模型 RMSEA 比较

Model	RMSEA	LO 90	HI 90	PCLOSE
未限制模型	0.020	0.000	0.026	0.912
限制模型	0.018	0.000	0.024	0.913
Independence model	0.294	0.289	0.299	0.000

表 6 - 31 是无限制模型和限制模型的比较，从表中可知，对模型所有结构方程系数限制为相等后，卡方值的改变量显著（$p < 0.05$），因此可

以从卡方值判断，基于知识的动态能力对于"基于知识的多元化—企业绩效"之间的关系有显著的调节效应。

表 6 – 31　　　　　　Assuming model 未限制模型 to be correct

Model	DF	CMIN	P	NFI Delta – 1	IFI Delta – 2	RFI rho – 1	TLI rho2
限制模型	18	58.441	0.000	0.027	0.028	– 0.008	– 0.008

结论：从上述表格输出结果来看，检验的卡方值达到显著（$p <$ 0.05），则拒绝虚无假设，接受对立假设，即限制模型与未限制模型之间是有差异的。限制模型和未限制模型有显著区别，意味着动态能力对"多元化—企业绩效"的因果关系有显著的调节效应。

6.5.3　实证研究整体结果

通过问卷调查数据和聚类分析、结构方程分析等实证研究方法，本研究对基于知识的多元化与企业绩效关系的概念模型进行了检验。结果表明，大多数假设都得到了证实。各假设验证具体情况如表 6 – 32 所示。

表 6 – 32　　　　　多元化与企业绩效关系模型的假设验证汇总

序号	内容	验证情况
假设 10	在动态能力较强的情况下，基于复制的多元化与企业业绩正相关	通过
假设 11	在动态能力较强的情况下，基于复制的多元化与企业效率正相关	通过
假设 12	在动态能力较弱的情况下，基于复制的多元化与企业业绩负相关	通过
假设 13	在动态能力较弱的情况下，基于复制的多元化与企业效率负相关	通过
假设 14	在动态能力较强的情况下，基于创新的多元化与企业业绩正相关	通过
假设 15	在动态能力较强的情况下，基于创新的多元化与企业效率正相关	通过
假设 16	在动态能力较弱的情况下，基于创新的多元化与企业业绩负相关	通过
假设 17	在动态能力较弱的情况下，基于创新的多元化与企业效率负相关	通过
假设 18	在动态能力较强的情况下，基于创新的多元化比基于复制的多元化对企业绩效的贡献更大	通过
假设 19	在动态能力较弱的情况下，基于复制的多元化比基于创新的多元化对企业绩效的贡献更大	未通过

根据上述假设检验情况，动态能力对多元化绩效影响的概念模型（本章图6-1和图6-2）得到验证。

6.5.4　多元化与企业绩效关系讨论

在构建概念模型时，本书假设在动态能力较强的情况下，基于创新的多元化与基于复制的多元化均对企业业绩、企业效率有着显著的正向影响；在动态能力较弱的情况下，基于创新的多元化与基于复制的多元化均对企业业绩、企业效率有显著的负向影响；在动态能力较强的情况下，基于创新的多元化比基于复制的多元化对企业绩效的贡献更大；在动态能力较弱的情况下，基于复制的多元化比基于创新的多元化对企业绩效的贡献更大。实证检验的结果显示，大多数假设通过了检验。

综合上述结果可以得到以下结论：①在动态能力较强的情况下，多元化对企业绩效有着显著并直接的正向影响；同时基于创新的多元化比基于复制的多元化对企业绩效的贡献更大。②在动态能力较弱的情况下，多元化对企业绩效有着显著并直接的负向影响。③企业动态能力的强弱会对"多元化—企业绩效"关系产生显著的调节效应。

在动态能力较强的情况下，基于创新的多元化进行知识开发的作用不仅在于学习经营新业务所必需的新知识，为企业寻找和建立新的利润点，而且还在于借助新知识来充分实现蕴含于现有知识中的范围经济，并对既得多元化利益予以保护。进入新业务领域不仅可以学到新的知识，而且还有助于企业高层管理团队适时调整其主导逻辑，避免陷入僵化，尤其是当新旧业务间存在战略性差异时。此外，知识开发的另一大好处在于能为企业带来更多的业务选择机会。随着知识开发过程的逐步深入，管理者会认清不同产业的利润分布情况，并据此对业务资产组合进行调整和优化。随着业务领域的不断扩大，一些新业务开始成长起来并占据重要地位，从而导致新的范围经济的形成；同时，在学习过程中掌握的一些解决问题的新方法，不仅会给企业带来更低的经营成本，而且还有可能形成可观的规模经济。

在具备较强动态能力的条件下，基于复制的多元化可以通过对现有知识或竞争力的充分利用而提高企业绩效。确切地讲，现有知识在不同业务间的转移与共享能够为企业带来范围经济。蒂斯（Teece，1980）认为当知识交易面临市场失灵时，企业通过业务活动内部化来对其进行转移与充分利用是合理的。通过在不同业务间进行研发、生产、市场营销等活动的共享，企业会获得效率与业绩提升的双重收益。

在动态能力较弱的情况下，基于创新的多元化并不能为企业带来好处，"高风险，高收益"的多元化行为此时所体现的是高风险，反而会降低企业的盈利能力。根据边际收益递减原理，在此情形下，知识开发的程度越高，其所需的边际成本就会越来越大，而由此产生的边际收益却越来越小。进入新业务领域虽然可以带来学习新知识或竞争能力的机会，但如果企业缺乏进行吸收、整合并成功运用于商业实践所需的动态能力，则企业在此方面的投资注定要失败，并且投入越多，损失越大。

在动态能力较弱的情况下，基于复制的多元化在知识转移与共享过程中会遇到饱和限制（Congestion Limits）。饱和限制源于企业对现有知识或竞争能力的过度使用，它可能会减少甚至完全抵消知识利用带来的好处。如果动态能力是有限的，企业在知识利用过程中就可能会使拥有这些关键知识的核心人员处于满负荷运转状态，甚至还会超出其承受能力，从而将所有共享该关键知识的业务置于危险境地。

当企业生产新产品（服务）、进入新市场时，它需要吸收新知识来进行创新和充分利用范围经济。因此，企业动态能力的强弱便会对知识的吸收与利用效率、以及企业多元化成本产生重要影响。如果企业的动态能力较强，则在其他条件相同的情形下企业多元化学习效率就较高、多元化成本也必然较低；反之，如果动态能力较弱则学习效率就较低、多元化成本就必然会上升。换言之，企业动态能力与多元化学习效率之间呈正相关关系。经验研究结果也表明，基于创新的多元化（知识开发）、基于复制的多元化（知识利用）与企业绩效的关系会受到企业动态能力强弱水平的显著影响。

企业动态能力之所以会产生这种调节效应，其根本原因是因为它在短期内缺乏弹性所致。从长期来看，企业动态能力固然可以通过增加在技术研发、人力资源以及市场营销等领域的投资来培养，从而将"多元化—企

175

业绩效"关系向有利于企业目标的方向调整，但在短期内它却是一个制约企业多元化选择的固定因素。

6.6 动态能力对多元化绩效影响的案例研究

本节将对两个企业进行案例研究，考察动态能力与企业多元化绩效的关系。经过案例选择、数据收集与分析，得出研究结果，来验证基于知识的动态能力（知识吸收、知识创造、知识整合能力）与企业多元化绩效关系的概念模型。

6.6.1 理论假设

动态能力理论认为企业只有通过创造性地整合、构建和重构资源，获取基于创新的经济租金即熊彼特租金，才能在快速变化的环境中获得竞争优势（Teece et al.，1997；Eisenhardt & Martin，2000）。知识观理论认为，企业是具有异质性的知识体，企业能力本质上是知识的整合（Grant，1996），企业的竞争优势源于对知识的创造、存储及应用（Conner & Prahalad 1996；Spender & Grant 1996）[249][250][251]。近些年来，动态能力学派的学者也逐渐开始强调知识是最具战略价值的核心资源，动态能力存在于对知识的获取、吸收、创造、整合、重构等一系列管理过程中（Prieto & Easterby - Smith，2006；Pavlou & el Sawy，2004；George 2005）[252][253]。基于上述思想，本书提出了基于知识的动态能力概念：企业吸收、创造和整合知识资源，通过知识的开发和利用，以适应快速变化的环境，增强企业获取和保持竞争优势的能力。

本书将考察动态能力对多元化绩效关系的影响，假设动态能力较强的情况下多元化对绩效有正向影响，动态能力较弱的情况下多元化对绩效有负向影响（见本章图 6 - 1 和图 6 - 2）。

6.6.2　研究方法

1. 案例选择

案例个数是案例研究中需要权衡的重要问题。一方面，在给定资源的条件下，案例个数越少，则实现更详细观察（Voss, Tsikriktsis et al.，2002）和获得更充分数据的可能性越大（Leonard - Barton，1990）；另一方面，案例个数越多，则研究发现的普适性越高（Meredith，1998）[254][255][256]。此外，案例研究通常采用选择性抽样的方法（Yin，1994；Voss et al.，2002），即案例满足特定的选择标准。

综合考虑构建理论的基本要求和增加案例个数的边际成本与效用，本书选取了两个企业作为案例研究对象，具体选择标准包括：（1）选取的范围限定在国内的制造企业，避免服务企业与制造企业的差异，减少外部变异性（Eisenhardt，1989）；（2）选取的企业具有一定的分散度，保证案例研究的代表性；（3）选取的企业在动态能力、多元化和绩效表现等各主要变量上的表现有一定差异，以更好地达到多重检验的效果；（4）选取的企业成立至少3年，以确保相关数据能够有效获得；（5）选取的企业能够保证数据和信息能够较为方便和准确地获得。

2. 数据收集

本案例研究中的相关数据主要通过访谈和文档收集。

本书采集数据的文档主要为被访谈者提供的企业内部资料，如内部刊物、工作总结和汇报材料等。此外还收集和整理了来自企业网站、产品宣传手册、企业年报、行业期刊及网站等公开信息源的资料。

3. 数据分析方法

本书采用内容分析（Lincoln & Guba，1985）方法对所收集的数据进行编码[257]。首先，将所有数据按照理论假设进行归类，这些类别主要包括：基于知识的动态能力、企业多元化、企业绩效等研究构面。其次，根据各构面的子类别对数据进一步编码。最后，对于各类经编码后的数据，本书采用了数据源多角化的方法，即对作为来自不同信息源的数据进行了比对和印证，以验证研究的聚合效度（Leonard-Barton，1990）。

随后，本书采用分析性归纳对案例进行分析。分析性归纳是通过将现有理论与关键例子或典型案例重复比较以扩展或修正理论的方法。

6.6.3 案例企业简介

遵循案例研究的惯例，本书隐去了企业名称，用字母匿名及其主导产品代指，分别称之为 B 通信设备企业和 E 电梯配件企业，以保护企业商业信息。以下对各案例企业概况做逐一介绍。

1. B 通信设备企业

B 通信设备企业成立于 1985 年，是国际知名的综合性通信制造业上市公司和全球通信解决方案提供商。凭借有线产品、无线产品、业务产品、终端产品等四大产品领域的卓越实力，B 通信设备企业已成为中国电信市场最主要的设备提供商之一，并为全球 130 多个国家的 500 多家运营商提供产品与服务。

B 通信设备企业是中国重点高新技术企业、技术创新试点企业和国家"863"高技术成果转化基地，承担了近 30 项国家"863"重大课题，是通信设备领域承担国家"863"课题最多的企业之一，公司每年投入的科研经费占销售收入的 10% 左右，并在美国、印度、瑞典、法国及国内设立了 16 个研究中心。

2. E 电梯配件企业

E 电梯配件企业成立于 1997 年，主要从事电（扶）梯配件的开发设计、生产制造和销售服务。目前主要生产的电梯部件产品已涵盖客梯、扶梯、货梯、液压梯、医用梯、家用电梯部件共六大类，主要包括永磁同步无齿轮曳引机、门机、轿厢、层门装置、控制柜、操纵箱等上千个品种和规格。E 电梯配件企业拥有各类大型专业加工设备 50 余台套，其中大多数为进口设备，包括 LVD 激光切割机、进口多功能数控冲床、进口折弯机、大型喷粉线等国际领先设备。E 电梯配件企业现已成为国内市场占有率前三位的某电梯整机厂商的配套基地，并将自身愿景定位为成为世界首选的电梯配件供应商和服务商。

6.6.4　案例分析

对案例企业进行分析，主要是用收集和编码后的定性的数据对各企业在基于知识的动态能力、企业多元化及企业绩效等关键研究构面及变量上的表现进行描述分析，并探究变量之间的关系。

1. 动态能力

在现有研究中，关于动态能力的概念并没有统一的表述，较有代表性的界定包括"企业整合、构建和重构内部和外部能力以应对快变环境的能力"（Teece et al.，1997）以及"企业运用资源，尤其是整合、重构、获取和释放资源以适应或者创造市场变革的过程"（Eisenhardt & Martin，2000）。本书从知识观视角出发，提出了"基于知识的动态能力"的概念，将其界定为"企业吸收、创造和整合知识资源，通过知识的开发和利用，以适应快速变化的环境，增强企业获取和保持竞争优势的能力"。在案例研究中，本书从上述定义出发，分知识吸收能力、知识创造能力和知识整合能力三个方面对案例企业的动态能力做逐一分析。

（1）B 通信设备企业。

B 通信设备企业在初创期主要从事来料加工业务，在进入通信行业之初，研发力量十分薄弱，仅有 10 余位技术人员和一位生产管理干部，真正学过交换机或计算机专业的只有 3 ~ 4 人。因此，B 通信设备企业采取了积极寻求并利用外部知识源的策略，其第一代产品——小容量程控空分用户交换机以及第一台国产化数字程控交换机分别是在某省邮电器材厂和某重点大学的帮助下研发的。而且为了解决技术人员不足的问题，B 通信设备企业还与某重点大学达成协议，利用应届毕业生毕业实践的方式共同进行新产品开发，使参加开发设计的人员增加到 30 多人。

　　此后，B 通信设备企业业务规模不断扩大，同时将每年销售收入的 10% 投入研发，先后成立了 16 个研究中心，员工中硕士以上学历者超过 30%，技术创新逐渐从依靠外部知识源转移到依靠自主研发上，对外部知识的主要需求从技术知识转移到管理知识上。2001 年，B 通信设备企业引进了一位曾经在摩托罗拉、GE 等跨国企业就职，并拥有 GE 的 6σ 黑带大师资格的某职业经理人，以他为项目带头人开始全面引入 6σ 管理制度。B 通信设备企业随后从研发、市场、综合管理、物流等部门选了数十位业务骨干参加培训，由摩托罗拉大学组织 41 天的课程，花费上百万。第一期培训结束后，B 通信设备企业在企业内选择了若干部门进行项目试点。此后成立了 6σ 战略委员会和办公室，由公司高层协调管理方法的实施，使 6σ 体系逐渐成为企业文化的一部分。总体上看，B 通信设备企业的知识吸收能力处于较高的水平。

　　充足的研发经费投入、大量高素质的研发人员以及完善的研发组织使得 B 通信设备企业的创新能力不断提升。B 通信设备企业目前已经拥有手机的核心软件、硬件电路、核心芯片、整机设计集成等全套自主技术。同时，B 通信设备企业在全球建立了 40 多个营销平台，在海外设有 120 多个代表处，还雇佣了超过 2000 名海外当地员工，完善的营销体系使得 B 通信设备企业在搜集全球各地市场信息、把握客户需求动向方面取得了长足的进步。从总体上看，B 通信设备企业的知识创造能力处于较高的水平。

　　相对于知识获取和知识创造，B 通信设备企业在知识整合方面的表现更为突出，其中 G 数字集群技术的研发就是其中一个典型的案例。

　　CDMA 技术一般被用于手机等公共移动通信领域，而 B 通信设备企业却敏锐地发现了其在专业移动通信这一非主流市场的应用潜力，将其与集群通信技术整合，开发出了基于 CDMA 技术的数字集群系统，因此 G 系统可以被视为原本属于两种领域的技术知识整合的产物。除了整合技术知识之外，B 通信设备企业还积极整合企业外部各方资源，牵头组织设备制造商、行业应用解决方案提供商、内容提供商/服务提供商和网络运营商，共同构建基于 G 标准的数字集群产业链联盟。而同时在企业内部，B 通信设备企业也对研发组织结构进行了调整，实现了从"准事业部制"向

"产品经营团队"的转变，以更好地协同研究所、市场、质量、物流等职能平台的资源，保证项目的顺利进行。综上所述，B 通信设备企业无论在整合不同领域技术知识，还是在构建外部关系网络和调整内部组织结构或运营流程上都有出色的表现，可以认为 B 通信设备企业的知识整合能力处于很高的水平。

（2）E 电梯配件企业。

外资 O 公司控股的合资企业 OT 作为整机厂商是 E 电梯配件企业最主要的合作伙伴，双方有较长时间的合作，但始终存在较强的戒心，担心泄露核心技术，E 电梯配件企业很难从外方获得技术知识。在访谈中，E 电梯配件企业的部分高层管理人员表示，在长期与合资企业特别是外方的合作中，E 电梯配件企业通过频繁的交流，特别是人员的流动中学习到了制造、财务、质量和安全管理等方面的知识。然而根据与 E 电梯配件企业其他员工反映的情况，E 电梯配件企业的管理体系仍然不够健全，尤其是管理流程较混乱，可见从合资企业及外方真正学习到的管理知识较为有限。因此从总体看，E 电梯配件企业的知识吸收能力处于一般的水平。

E 电梯配件企业在知识创造方面同样没有出色的表现。E 电梯配件企业缺少高素质的研发人员，近些年也很少从重点大学招募毕业生。人力资源的不足在很大程度上导致 E 电梯配件企业技术能力提升较慢，依靠自身力量研发的关键技术数量不多。尽管 E 电梯配件企业与某重点大学一同开发了永磁同步无齿轮曳引机等技术，但该技术在 20 世纪 90 年代初就由外国厂商开发，而且 E 电梯配件企业在该技术攻关中起的主要是辅助角色。而 E 电梯配件企业的其他主要产品如门机、轿厢、层门装置等技术含量一般，在市场上目前仍主要以相对较高的性价比获取竞争优势。由此看来，E 电梯配件企业的知识创造能力处于较低的水平。

在知识整合方面，E 电梯配件企业没有尝试整合不同领域技术，基本上都沿着较为传统和固定的轨迹研发产品。在内部组织结构或运营流程的调整上，E 电梯配件企业也没有值得关注的表现。而在外部关系网络的构建与调整方面更缺乏有说服力的例子。因此从总体上看，E 电梯配件企业的知识整合能力处于较低的水平。

2. 多元化战略

公司多元化是指公司在不放弃原有的产品经营情况下从事新产品的生产，而且这些新产品与原有产品在制造工艺上和销售渠道上都有一定的差异（Penrose，1959）。企业实施多元化是为了两个基本目标：一是当外部环境出现新的机会时多元化可以成为一种重要的增长战略（Ansoff，1965）；二是当现有的行业区域成熟或者衰败，以及公司绩效开始下降时，企业为了生存寻求新的发展空间也会实施多元化（Hoskisson & Hitt，1990）。多元化动因的不同，多元化战略的实施效果也有会一定的差别。本书采用知识这个变量来定义多元化的不同类型，企业进入新的业务领域进行了知识利用，即企业将既有知识在不同业务间进行转移与共享以充分实现蕴含于其中的范围经济，则定义为基于复制的多元化；企业进入新的业务领域进行了知识开发，即企业进入新业务领域时获取了新的知识资源或竞争能力，则定义为基于创新的多元化。

（1）B 通信设备企业。

B 公司成立之初以通信设备为主业，稳步发展，由于其国有企业的特殊背景在通信行业发展迅速，2002 年开始通过不断改革开始涉足其他领域的经营，尤其是一些准入门槛较高的行业。由于具有较强的知识整合能力和知识创造能力，在新产业领域发展迅速。目前已经形成通信设备、物流、金融、房地产等的多元发展格局。从案例材料分析，B 公司属于典型的基于创新的多元化战略。

（2）E 电梯配件企业。

2006 年以前，企业单一经营电梯配件，由于劳动力成本上升，国际竞争日益激烈，利润率逐步降低。直到 2006 年，E 公司为了摆脱当前局面开始尝试进入其他领域，成立了一家小型金属材料公司，生产特种金属材料。但由于 E 公司知识创造能力和知识整合能力较低，进入新的业务领域缺乏竞争优势。综合案例材料分析，E 公司属于基于复制的多元化战略。

3. 企业绩效

企业绩效没有一定的理论，所以，学者运用了一些科学方法和模式，如生产管理、心理学及经济学等，来为企业绩效找出衡量方式。文卡特拉曼和拉马努詹（Venkatraman & Ramanujam，1986）对企业绩效的衡量提出概念化的架构，分为三个构面：①财务绩效：投资报酬率、销售额成长率、每股盈余是为传统策略最常用的概念化范围；②经营绩效：市场占有率、新产品上市、产品品质、行销效能等非财务性指标；③企业绩效：除了包含财务绩效与经营绩效外，并包含达成组织各种冲突的目标，及各种内外关系人的目标满足在内。本书借鉴相关文献来衡量企业绩效。

（1）B 通信设备企业。

B 通信设备企业开发的电信设备产品种类极为可观，拥有号称全球电信设备供应商中最长的产品线。在 2G 时代，B 通信设备企业是全球极少数在 GSM，CDMA，PHS 三大制式上同时进行研发、生产的终端厂商之一。而在 3G 时代，B 通信设备企业在 WCDMA，CDMA2000，TD－SCD-MA 三种制式上全面投入，成为全球唯一一家提供三种制式端到端解决方案的通信制造商。

B 通信设备企业的许多产品具有较强的创新性。以手机产品为例，B 通信设备企业曾推出了首款拥有自主知识产权的国产全中文双频手机、世界首款支持 CDMA 机卡分离技术的手机和全球首款支持 TD－SCDMA/GSM 双模双待 3G 手机。基于 CDMA 技术的 G 数字集群系统也是世界独一无二的创新产品，而且该产品开发之快也值得一提。该产品的创意来自于 2002 年底两位工程师的思维碰撞。2003 年初 B 通信设备企业就提出了相关的技术体制和解决方案。2004 年 3 月，B 通信设备企业为俄罗斯某运营商建设的世界第一个 G 系统网络投入使用。2004 年 11 月，G 技术成为中国集群行业参考性技术标准规范。可见 G 系统从创意到商业化的过程相当迅速。B 公司的总资产收益率、销售利润率、投资收益率等指标远高于行业平均水平。综上所述，可以认为 B 通信设备企业的绩效处于很高的水平。

（2）E 电梯配件企业。

E 电梯配件企业的主要产品如门机、轿厢、层门装置等属于较成熟的产品，而且与市场同类产品相比在技术性能方面并没有优势。近期开发的永磁同步无齿轮曳引机占销售总额的比重仍然有限，而且相对于其他国内对手，市场化速度稍显落后。E公司的销售增长率、市场占有率、产能利用率等指标均达不到行业平均水平。因此从总体上看，E电梯配件企业的绩效处于较低的水平。

6.6.5 结果讨论

通过对案例分析的结果进行概况总结和横向对比，从而归纳各变量之间的关系，并验证实证研究的假设。需要说明的是，在实际操作中本书遵循的是分析性归纳方法，即对两个案例重复进行归纳，将从前一个案例得出的试探性理论用于对后一个案例的分析，案例归纳完成后的结果一并给出。

1. 案例数据编码

首先本书将各案例分析中得出的对各企业在各变量上的表现评价进行总结，更清晰地反映案例分析结果的全貌，也有利于归纳各变量之间的关系。所有变量评价均为五个等级，即"+表示很弱、++表示较弱、+++表示一般、++++表示较强、+++++表示很强"，如表6-33所示。

表6-33　　　　　　　　　　案例数据编码

企业	动态能力			多元化		企业绩效
	知识吸收能力	知识创造能力	知识整合能力	创新多元化	复制多元化	
B	++++	++++	+++++	+++++	++	+++++
E	+++	++	++	+	++++	++

2. 动态能力与企业多元化绩效

通过对各案例数据的总结可以发现，案例企业的知识吸收能力、知识创造能力、知识整合能力与基于创新的多元化之间有较明显的正相关关系；动态能力较高的企业，其基于创新的多元化与企业绩效之间有较明显的正相关关系；而动态能力较弱的企业，其基于复制的多元化与企业绩效之间有较明显的负相关关系。案例中，绩效水平很高的 B 通信设备企业在各项动态能力尤其是知识整合能力上有着突出的表现。B 通信设备企业在整合数字集群技术和 CDMA 技术等不同领域技术知识方面显示了很强的能力，在构建产业联盟及重构组织结构方面同样出色，而其推出新产品数量之多、速度之快也令人印象深刻。而 E 电梯配件企业动态能力较弱，此时其进行的多元化对绩效有明显的负向影响。

6.7　小　　结

本章通过文献和理论分析，剖析了基于知识的多元化与企业绩效之间的关系，提出了 10 项假设以及概念模型。通过问卷调查和统计分析，对这些假设和概念模型进行实证检验。

本章设计了企业业绩与效率的测度方法，并检验了企业业绩与效率测度的效度和信度，获得了拟合效果较好的测量模型。

随后，本章通过聚类分析、结构方程建模的方法对多元化与企业绩效的关系概念模型进行了实证检验。结果显示，多数假设命题通过检验。本章逐一讨论了该结果反映的各变量之间关系，指出了本书结论对现有文献的支持和证实，也概括了本书获得的新发现。

第7章

结论与展望

7.1 研究结论

本书在继承和发展动态能力理论的基础上，借鉴知识观理论，提出了基于知识的动态能力的概念，并综合运用探索性研究、文献和理论分析、问卷调查和统计分析等定性与定量的方法，分析并解答了三个研究问题：（1）如何从知识观的视角界定动态能力？哪些要素构成了基于知识的动态能力？如何度量基于知识的动态能力？（2）知识资源对企业多元化战略的影响？基于知识的动态能力对企业多元化有何影响？（3）基于知识的多元化对企业绩效有何影响？

经过全书的分析论证，针对上述三个问题形成的主要观点和结论如下：

（1）基于知识的动态能力可以表述为"企业吸收、创造和整合知识资源，通过知识的开发和利用，以适应快速变化的环境，增强企业获取和保持竞争优势的能力"，包括了知识吸收能力、知识创造能力和知识整合能力这三类基本能力要素。

通过系统梳理现有动态能力研究，尤其是继承动态能力学派提出的界定思路，同时借鉴知识观理论将企业视为具有异质性的知识体以及认为竞争优势源于对知识的管理尤其是知识整合的观点，提出了上述定义。本书

186

认为持续性和创新性地吸收、创造和整合各种类型的知识资源，对于企业在动态环境变化中的生存和发展具有决定性的影响。在这一界定的基础上，通过对现有动态能力理论、知识观理论以及吸收能力、组织学习等相关研究的整理或借鉴，提出基于知识的动态能力由知识吸收能力、知识创造能力和知识整合能力等三类能力要素构成。本书还据此设计了测度基于知识的动态能力的量表，并通过实证研究证实该量表具有良好的信度和效度。

（2）知识整合能力对基于创新的多元化有着显著并直接的正向影响，而且知识整合能力在知识吸收和知识创造能力对基于创新的多元化的影响中起部分中介作用。

关于知识整合能力对基于创新的多元化影响的证实支持了知识观学派对知识整合的高度重视，反映了知识整合能力是一项关键性能力，知识的价值并不取决于知识的多少，而在于知识在多大程度上被有效地重组。知识整合能力对知识吸收和知识创造能力与基于创新的多元化关系中介作用的证实更凸显了知识整合在各种基于知识的动态能力对多元化影响中的核心地位，显示了知识整合能力会受到外部知识吸收或内部知识创造的影响和制约。此外，基于知识的动态能力与企业多元化关系概念模型中的大多数假设通过实证研究检验，因而基本证实了"基于知识的动态能力对企业多元化"的作用机制。

（3）企业动态能力的强弱对"多元化—企业绩效"关系产生显著的调节效应。在动态能力较强的情况下，多元化对企业绩效有着显著并直接的正向影响；基于创新的多元化比基于复制的多元化对企业绩效的贡献更大。在动态能力较弱的情况下，多元化对企业绩效有着显著并直接的负向影响。

企业动态能力之所以会产生这种调节效应，其根本原因是它在短期内缺乏弹性所致。从长期来看，企业动态能力固然可以通过增加在技术研发、人力资源以及市场营销等领域的投资来培养，从而将"多元化—企业绩效"关系向有利于企业目标的方向调整，但在短期内它却是一个制约企业多元化选择的固定因素。当企业生产新产品（服务）、进入新市场时，它需要吸收新知识来进行创新和充分利用范围经济。因此，企业动态能力的强弱便会对知识的吸收与利用效率，以及企业多元化成本产生重要影响。如果企业的动态能力较强，则在其他条件相同的情形下企业多元化学习效率就较高、多元化成本也必然较低；反之，如果动态能力较弱则学习效率就较低、多元化成本就必然会上升。换言之，企业动态能力与多元化学习效率正相关。经验研究结果也表明，基于创新的多元化（知识开发）、基于复制的多元化（知识利用）与企业绩效的关系会受到企业动态能力强弱水平的显著影响。

基于复制的多元化（知识利用）使现有知识在不同业务间转移与共享，不仅能够充分实现范围经济，而且还可以对其配置结构进行持续优化。因此，在动态能力较强的条件下知识利用是有利于提高企业绩效的。在动态能力有限的情况下，随着知识利用强度的不断增大企业中拥有关键知识的核心人员就会处于满负荷运转状态，甚至还会超出其承受能力，从而将所有进行知识共享的业务置于危险境地，即所谓"饱和限制"。并且，动态能力在本质上是具有企业专有性的，短期内企业不可能通过市场购买或引入新成员等方式来克服。因此，在动态能力较弱的条件下基于复制的多元化是不利于提高企业绩效的。

基于创新的多元化（知识开发）的作用不仅在于学习经营新业务所必需的新知识，为企业寻找和建立新的利润点，而且还在于借助新知识来充分实现蕴含于现有知识中的范围经济，并对既得多元化利益予以有效保护。除此，知识开发还有助于企业高层管理团队适时调整其主导逻辑，避免陷入决策僵化。可见，知识开发是有利于提高企业绩效的。尤其是在动态能力较强情形下，随着知识开发程度的不断增加，新旧知识进行融合、创新的能力不断得到增强，知识开发的倍积效应也会越来越明显。如果企业动态能力较弱，随着知识开发程度的不断增加许多开发活动都不能深入而有效地开展下去，出现投入多、收益少的局面，从而导致知识开发效率的急剧下降和成本的急剧上升。在动态能力较弱情形下加大知识开发的投入力度会影响知识利用。因此，在动态能力较弱情形下基于创新的多元化与企业绩效负相关。

7.2 研究展望

如前所述，多元化理论尽管已经经过了近半个世纪的发展，但其理论体系还远未成熟，在许多方面都还有大量的问题等待着人们去研究、去探讨。在此，仅就对本书的延续与深入的角度来谈谈进一步研究的方向。

（1）开展对动态能力演化规律的研究。

本书总体上是对动态能力在时间截面上的评估以及对动态能力与多元化之间关系的探索，对动态能力自身的演化规律并没有进行深入探讨。今后研究中可以从时间维度上进行纵向研究，特别是从"能力生命周期"的角度，探讨基于知识的动态能力的生命周期及在不同阶段中的特征表现，更系统地分析推动或阻碍基于知识的动态能力发展的影响因素，并探索相应的企业管理策略。

（2）从组织学习的角度开展动态能力的研究。

本书将基于知识动态能力的主要构成因素界定为知识吸收、知识创造、知识整合能力，动态能力还有许多其他界定方法。今后研究中可以从组织学习的角度来研究，探讨组织学习对动态能力的影响，分析组织学习对多元化战略的影响，并探索相应的企业管理对策。

（3）开展多元化与专业化战略的对比研究。

多元化战略只是企业发展战略的一种形式，它与专业化并没有优劣之分，专业化战略也有成功或失败的典型案例。今后研究中可以从专业化战略的角度来研究，分析动态能力对专业化战略的影响，比较在不同动态能力下多元化与专业化对企业绩效的贡献，并探索相应的组织管理策略。

（4）拓展基于知识的多元化研究的视角。

将基于知识的多元化进一步拓展到制度、公司治理及高管团队等领域，并对不同情形下基于知识的多元化作用机理、变化规律以及与企业绩效的关系进行对比研究，发现其中的共性与差异。并以上市公司为样本来探讨基于知识的动态能力对"多元化—企业绩效"关系的影响。

附录

企业动态能力研究调查问卷

您好！非常感谢您在百忙之中抽出时间填写这份问卷！本问卷旨在调查企业动态能力、多元化及企业绩效之间的关系。本问卷纯属学术研究目的，内容不涉及公司的商业机密，所获信息绝不外泄，亦不用于任何商业目的。问卷答案没有对错之分，请尽可能按公司实际情况填写。

基本信息

1. 公司名称：＿＿＿＿＿＿＿＿＿＿＿＿＿＿＿＿＿

2. 公司主营业务所在行业：＿＿＿＿＿＿＿＿

3. 公司产权性质：□国有　□民营　□外资　□集体　□其他

4. 公司年龄：□5 年以下　□5～10 年　□10～20 年　□20 年以上

5. 公司规模：□300 人以下　□300～2000 人　□2000～10000 人 □10000 人以上

6. 公司年销售收入：□3000 万元以下　□3000 万～3 亿　□3 亿～10 亿　□10 亿以上

7. 您现在的职位：□高层管理人员　□中层管理人员　□基层管理人员　□普通员工

　　请您根据公司实际情况对下面的描述做出判断，并在每个题目后面相应的数字上打√。

题号	1 表示完全不符，2 表示不符，3 表示一般 4 表示符合，5 表示完全符合	完全不符→ 完全符合				
A1	公司经常进行市场调查研究，以了解顾客需要	1	2	3	4	5
A2	公司经常对其他同行企业的产品或技术进行详细分析	1	2	3	4	5
A3	公司比较了解主要竞争对手的技术发展情况	1	2	3	4	5
A4	公司能够迅速辨识技术、市场环境的变动	1	2	3	4	5
A5	公司与其他企业或科研机构合作开发新产品或新工艺	1	2	3	4	5
B1	公司研发人员的报酬与其对创新做出的贡献程度有联系	1	2	3	4	5
B2	公司新产品开发项目一般由多部门人员参与	1	2	3	4	5
B3	公司开展技术活动、实施技术开发战略有较好的规划和管理	1	2	3	4	5
B4	公司能够利用新技术机会，推出新产品或新工艺	1	2	3	4	5
B5	公司战略有明确的有关改进产品工艺或开发新产品的技术开发战略目标	1	2	3	4	5
C1	公司招聘员工一般要求受过较多的培训或拥有较高的教育背景	1	2	3	4	5
C2	与竞争对手相比，公司在各管理层次上有更多的职能部门	1	2	3	4	5
C3	公司承担新技术开发项目的研发团队由多学科背景的成员组成	1	2	3	4	5
C4	公司员工之间分享实践经验和信息的能力很强	1	2	3	4	5
C5	公司能够识别、利用外部获取的新知识和信息，开发新技术机会	1	2	3	4	5
E1	公司进入新的业务领域，利用了原有的资源和能力	1	2	3	4	5
E2	公司进入新的业务领域，利用了原有的技术能力	1	2	3	4	5
E3	公司进入新的业务领域，利用了原有的市场能力	1	2	3	4	5
E4	公司进入新的业务领域，利用了原有的管理能力	1	2	3	4	5
E5	公司进入新的业务领域，利用了原有的业务流程	1	2	3	4	5
F1	公司进入新的业务领域，进行了知识和能力创新	1	2	3	4	5
F2	公司进入新的业务领域，进行了技术创新	1	2	3	4	5
F3	公司进入新的业务领域，进行了市场创新	1	2	3	4	5
F4	公司进入新的业务领域，进行了管理创新	1	2	3	4	5
F5	公司进入新的业务领域，进行了流程再造	1	2	3	4	5

续表

题号	1 表示完全不符，2 表示不符，3 表示一般 4 表示符合，5 表示完全符合	完全不符→ 完全符合				
G1	公司总资产收益率高于行业平均水平	1	2	3	4	5
G2	公司净资产收益率高于行业平均水平	1	2	3	4	5
G3	公司销售利润率高于行业平均水平	1	2	3	4	5
G4	公司销售增长率高于行业平均水平	1	2	3	4	5
G5	公司市场占有率高于行业平均水平	1	2	3	4	5
H1	公司投资收益率高于行业平均水平	1	2	3	4	5
H2	公司总资产周转率高于行业平均水平	1	2	3	4	5
H3	公司产能利用率高于行业平均水平	1	2	3	4	5
H4	公司劳动生产率高于行业平均水平	1	2	3	4	5
H5	公司人均利润率高于行业平均水平	1	2	3	4	5

问卷到此结束，再次感谢您的支持！

参 考 文 献

［1］Ansoff, I. Strategies for diversification Harvard Business Review (September – October）（1957）, pp. 113 – 124.

［2］Berry, C. （1975）. Corporate Growth and Diversification ［M］. Princeton: Princeton University Press.

［3］Montgomery, C. A. Corporate diversification ［J］. journal of economic perspectives, 1994, 8（3）: 163 – 178.

［4］薛有志，周杰. 产品多元化、国际化与公司绩效——来自中国制造业上市公司的经验数据 ［J］. 南开管理评论，2007（03）: 77 – 86.

［5］Penrose, E. （1959）. The Theory of the Growth of the Firm ［M］. oxford: Blackwell.

［6］Stein, J. （1997）. Internal capital markets and the competition for corporate resources ［J］. Journal of Finance, 52: 111 – 134.

［7］Jensen, M. （1986）. Agency costs of free cash flow, corporate finance, and takeovers ［J］. American Economic Review, 76: 323 – 329.

［8］Scharfstein, D. S. & Stein, J. （2000）. The dark side of internal capital Divisional rent-seeking and inefficient investment ［J］. Journal of Finance, 55: 2537 – 2564.

［9］Villalonga, B. （1999）. Does diversification cause the "diversification discount"? ［H］. Working Paper, Los Angeles: UCLA.

［10］Khanna, T. & Rivkin, J. （2001）. Estimating the performance effects of business groups in emerging markets ［J］. Strategic Management Journal, 22: 45 – 74.

［11］Peng, M. W. Institutional transitions and strategic choices ［J］.

Academy of Management Review, 2003, 28 (2): 275 – 296.

[12] Palich, L., Cardinal, L. B. & Miller, C. C. (2000). Curvilinearity in the diversification-performance linkage: An examination of over three decades of research [J]. Strategic Management Journal, 21: 155 – 174.

[13] Khanna, T. & Palepu, K. Why focused strategies may be wrong in emerging markets [J]. Harvard Business Review, 1997, 75 (1): 41 – 51.

[14] Makadok, R. Can First-mover and Early-mover Advantages be Sustained in an Industry with Low Barriers to Entry/Imitation? [J]. Strategic Management Journal, 1998, (19) 7: 683 – 696.

[15] Levinthal, D, and J G March. A Model of Adaptive Organizational Search [J]. Journal of Economic Behavior and Organization, 1981, (2) 4: 307 – 333.

[16] Brown, S L, and K M Eisenhardt. The Art of Continuous Change: Linking Complexity Theory and Time – Paced Evolution in Relentlessly Shifting Organizations [J]. Administrative Science Quarterly, 1997, (42) 1: 1 – 34.

[17] Teece, D & Pisano, Q The dynamic capabilities of firms: an introduction [J]. Industrial and Corporate Change, 1994, 3 (3): 537 – 556.

[18] Eisenhardt, K. M. & Martin J. A. Dynamic capabilities: What are they? [J]. Strategic Management Journal, 2000, 21: 1105 – 1121.

[19] Winter, S. Understanding dynamic capabilities [J]. Strategic Management Journal, 2003, 24 (10): 991 – 995.

[20] Zahra, S., Sapienza, H. & Davidsson, P Entrepreneurship and Dynamic Capabilities: A Review, Model and Research Agenda [J]. Journal of Management Studies, 2006, 43 (4): 917 – 954.

[21] Danneels, E. Trying to become a different type of company: Dynamic capability at smith corona [J]. Strategic Management Journal, 2010. 32 (1): 1 – 31.

[22] Ansoff, I. (1965). Corporate Strategy: An Analytic Approach to Business Policy for Growth and Expansion [M]. New York: McGraw – Hill.

[23] Gort, M. (1962). Diversification and Integration in the American

Industry ［M］Princeton：Princeton University Press.

［24］Chandler, A. (1962). Strategy and Structure ［M］. Cambridge：MIT Press.

［25］Teece, D. J. Economies of scope and the scope of the enterprise. ［J］. Journal of Economic Behavior and Organization 1980, 1：223 - 247.

［26］尹义省. 中国大型企业多角化实证研究——兼与美国大公司比较分析 ［J］. 管理工程学报. 1998 (3)：1 - 12.

［27］康荣平, 柯银斌. 多元化经营的战略模式 (上) ［J］. 企业改革与管理. 1999 (06)：17 - 19.

［28］苏冬蔚. 多元化经营与企业价值：我国上市公司多元化溢价的实证分析 ［J］. 经济学 (季刊). 2005 (S1).

［29］洪道麟等. 所有权性质、多元化和资本结构内生性 ［J］. 经济学季刊. 2007 (4)：1165 - 1184.

［30］Teece, D. J., Pisano, G., & Shuen, A. Dynamic capabilities and strategic management ［J］. Strategic Management Journal, 1997, 18：509 - 533.

［31］Barney, J. Firm resource and sustained competitive advantage ［J］. Journal of Management, 1991, 17 (1)：99 - 120.

［32］Peteraf, M. A. The cornerstones of competitive advantage：a resource-based view ［J］. Strategic Management Journal, 1993, 14 (3)：179 - 191.

［33］Wernerfelt, B. A resource-based view of the firm ［J］. Strategic Management Journal, 1984, 5 (2)：171 - 180.

［34］Dierickx, I. & Cool, K. Asset stock accumulation and sustainability of competitive advantage ［J］. Management Science, 1989, 35：1504 - 1511.

［35］Amit, R, and P J H Schoemaker. Strategic Assets and Organizational Rent ［J］. Strategic Management Journal, 1993, (14) 1：33 - 46.

［36］Collis, D J, and C A Montgomery. Competing on Resources ［J］. Harvard Business Review, 1995, (73) 4：118 - 128.

［37］Helfat, C. &Peteraf, M. The Dynamic Resource - Based View：Capability Lifecycles ［J］. Strategic Management Journal, 2003, 24 (10), Special Issue：Why Is There a Resource - Based View? Toward a Theory of Competitive Heterogeneity: 997 – 1010.

[38] D'Aveni, R. A. Hyper competition: Managing the dynamics of strategic maneuvering [M]. New York: Free Press, 1994.

[39] Fiol C. M. & Lyles M. A. Organizational learning [J]. Academy of Management Review, 1985, 10: 803 – 813.

[40] Easterby – Smith, M. &Prieto, I. Dynamic Capabilities and Knowledge Management: an Integrative Role for Learning? [J]. British Journal of Management, 2008, 19: 235 – 249.

[41] Leoncini, R. , Montresor, S. &Vertova, G. Dynamic capabilities: evolving organizations in evolving (technological) systems [A]. U of Bergamo Economics Working Paper No. 4/2003, 2003.

[42] Tushman, M, and P Anderson, 1986, 'Technological Discontinuities and Organizational Environments', Administrative Science Quarterly, Vol 31, No 3, pp 439 – 465.

[43] Iansiti, M, and K Clark, 1994, 'Integration and Dynamic Capability: Evidence from Product Development in Automobiles and Mainframe Computers', Industrial and Corporate Change, Vol 3, No 3, pp 557 – 605.

[44] Nonaka, I. A dynamic theory of organizational knowledge creation Organization Science, 1994, 5, 14 – 37.

[45] Nelson, R. &Winter, S. An Evolutionary Theory of Economic Change [M]. Belknap Press: Cambridge, MA, 1982.

[46] Pavlou, P. & El Sawy, O. From IT Leveraging Competence to Competitive Advantage in Turbulent Environments: The Case of New Product Development [J]. 2006, 17 (3): 198 – 227.

[47] Arthurs, J. & Busenitz, L. Dynamic capabilities and venture performance: the effects of venture capitalists [J]. Journal of Business Venturing, 2005, 21 (2): 195 – 215.

[48] Deeds, D. L. , Decarolis, D. , &Coombs, J. Dynamic capabilities and new product development in high technology ventures: An empirical analysis of new biotechnology firms [J]. Journal of Business Venturing, 1999, 15: 211 – 229.

［49］ Prieto, I, Revilla, E. &Rodriguez, B. Building Dynamic capabilities in Product Development: The Role of Knowledge Management ［A］. IE Business School Working Paper WP08 - 14 05 - 03 - 2008, 2008.

［50］ Lee, H. &, Choi, B. Knowledge management enablers, processes, and organizational performance: an integrative view and empirical examination ［J］. Journal of Management Information Systems, 2003, 20 (1): 179 - 228.

［51］ Mohrman, S. , Finegold, D. & Mohrman, A. An empirical model of the organization knowledge system in new product development firms ［J］. Journal of Engineering and Technology Management, 2003, 20: 7 - 38.

［52］ Drnevich, P I, and Kriauciunas, A P. Clarifying the conditions and limits of the contributions of ordinary and dynamic capabilities to relative firm performance ［J］. Strategic Management Journal, 2011. 32 (2): 254 - 279.

［53］ Barreto, I. Dynamic capabilities: a review of past research and an agenda for the future ［J］. Journal of Management, 2010, 36 (1): 256 - 280.

［54］ Zhou, K Z, and Li, C B. How strategic orientations influence the building of dynamic capability in emerging economies ［J］. Journal of Business Research, 2010, 63 (3): 224 - 231.

［55］ Wu, L Y. Applicability of the resource-based and dynamic-capability views under environmental volatility ［J］. Journal of Business Research, 2010, 63 (1): 27 - 31.

［56］ 贺小刚, 李新春和方海鹰. 动态能力的测量与功效, 基于中国经验的实证研究 ［J］. 管理世界, 2006 (3): 94 - 113.

［57］ 毛蕴诗. 多元化经营三维模型及多元化经营的几个命题 ［J］. 中山大学学报（社会科学版）2004, 44 (6): 211 - 218.

［58］ Berger, P. G. &Ofek, E. Diversification's effect on firm value ［J］. Journal of Financial Economics, 1995, 37 (1): 39 - 65.

［59］ Robins, J. A. & Wiersema, M. F. A resource - based approach to the multibusiness firm: empirical analysis of portfolio interrelationships and corporate financial performance ［J］. Strategic Management Journal, 1995, 16 (4): 277 - 299.

［60］Montgomery, C. A. Product-market diversification and market power ［J］. Academy of Management Journal, 1985, 28: 789 – 798.

［61］Wrigley, L. (1970). Divisional autonomy and diversification ［D］. A Ph. D. Thesis of Harvard Graduated School of Business.

［62］Markides, C. C. & Williamson, P. J. Related diversification, core competencies and corporate performance ［J］. Strategic Management Journal, 1994, 15 (Summer Special Issue): 149 – 165.

［63］Silverman, B. S. Technological resources and the direction of corporate diversification: toward an integration of the resource-based view and transaction cost economics ［J］. Management Science, 1999, 45 (8): 1109 – 1124.

［64］Kumar, M. V S. Acquiring and exploiting knowledge: The two faces of diversification. PH. D Dissertation, University of Illinois, 2002.

［65］Yip, G. S. Diversification entry: Internal development versus acquisition ［J］. Strategic Management Journal, 1982, 3 (3): 331 – 345.

［66］Nachum, L. Diversification strategies of developing country firms ［J］. Journal of International Management, 1999, 5 (2): 115 – 140.

［67］李晓蓉. 西方不同流派学者论企业多元化经营 ［J］. 外国经济与管理, 2003, 25 (12): 7 – 12.

［68］Staudt, T. A. Program for product diversification ［J］. Harvard Business Review, 1954, 32 (6): 121 – 131.

［69］Reed, R. & Luffman, G. A. Diversification: the growing confusion ［J］. Strategic Management Journal, 1986, 7 (1): 29 – 35.

［70］Lynn, M. L. &Reinsch, N. L. Diversification patterns among small businesses ［J］. Journal of Small Business Management, 1990, (10): 60 – 70.

［71］Rosa, P. Entrepreneurial processes of business cluster formation and Growth by 'habitual' entrepreneurs ［J］. Entrepreneurship Theory and Practice, 1998, (2): 43 – 61.

［72］Rumelt, R. P. How much does industry matter? ［J］. Strategic Management Journal, 1991, 12 (3): 167 – 185.

［73］Bowman, E. H. &Helfat, C. E. Does corporate strategy matter?

[J]. Strategic Management Journal, 2001, 22 (1): 1 - 23.

[74] Roquebert, J. A., Philips, R. L. &Westfall, P. A. Markets versus management: what drives profitability [J]. Strategic Management Journal, 1996, 17 (8): 653 - 664.

[75] McGahan, A. M. &Porter, M. E. How much does industry matter, really? [J]. Strategic Management Journal, 1997, 18 (Summer Special Issue): 15 - 30.

[76] McGahan, A. M. &Porter, M. E. The persistence of shocks to profitability [J]. Review of Economics and Statistics, 1999, 81 (1): 143 - 153.

[77] Chang, S. J. &Singh, H. Corporate and industry effects on business unit competitive position [J]. Strategic Management Journal, 2000, 21: 739 - 752.

[78] Hawawini, Cue, Subranoanian, V&Verdin, P. Is performance driven by industry-or firm-specific factors? A new look at the evidence [J]. Strategic Management Journal, 2003, 24 (1): 1 - 16.

[79] Brush, T. H. &Bromiley, P. What does a small corporate effect mean? A variance-components simulation of corporate and business effects [J]. Strategic Management Journal, 1997, 18 (10): 825 - 835.

[80] Martin, J. A. Cross-business synergies: Recombination, modularity, and the mufti-business team [D]. PH. D Dissertation, Stanford University, 2002.

[81] Brush, T. H., Bromiley, P. &Hendricla, M. The relative influence of industry and corporation on business segment performance: An alternative estimate [J]. Strategic Management Journal, 1999, 20: 519 - 547.

[82] Spanos, Y, Z, aralis, G. &Lioukas, S. Strategy and industry effects on profitability: evidence from Greece. [J]. Strategic Management Journal, 2004, 25 (2): 139 - 165.

[83] Misangyi, V F., Elms, H., Greckhamer, T., et al. A new perspective on a fundamental debate: A multilevel approach to industry, corporate, and business unit effects [J]. Strategic Management Journal, 2006, 27: 571 - 590.

[84] Short, J. C., JR, D. J. K., Palmer, T. B., et al. Firm, strate-

gic group, and industry influences on performance [J]. Strategic Management Journal, 2007, 28 (2): 147 – 167.

[85] Petroni, A. The analysis of dynamic capabilities in a competence-oriented organization [J]. Technovation, 1998, 18 (3): 179 – 189.

[86] Teece, D. J. Economic analysis and strategic management [J]. California Management Review, 1984, 26 (3): 87 – 110.

[87] 冯军政和魏江. 国外动态能力维度划分及测量研究综述与展望 [J]. 外国经济与管理, 2011, 33 (7): 26 – 33.

[88] Jensen, M. C. &Meckling, W. H. Theory of the firm: managerial behavior, agency costs. and ownership structures [J]. Journal of Financial Economics 1976, 3 (4): 305 – 359.

[89] Hoskisson, R. &Hitt, M. A. (1990). Antecedents and performance outcomes of diversification: Review and critique of theoretical perspectives [J]. Journal of Management, 16: 461 – 509.

[90] Barney, J. Gaining and Sustaining Competitive Advantage [M]. Reading, MA: Addison – Wesley, 2002.

[91] Goold, M. &Campbell, A. (1987). Strategies and Style [M]. Oxford: Basil Blackwell.

[92] Davis. R. & Thomas, L. Direct estimation of synergy: a new approach to the diversity performance debate [J]. Management Science, 1993, 39 (11): 1334 – 1346.

[93] Chant, R. Contemporary Strategy Analysis [M]. Oxford: Blackwell, 1998.

[94] Saloner, CL Predation, mergers, and incomplete information [J]. Rand Journal of Economics, 1987, 18 (2): 165 – 186.

[95] Tirole, J. The Theory of Industrial Organization [J]. Cambridge, MA: MIT Press, 1988.

[96] Russo, M. V Power plays: Regulation, diversification, and backward integration in the electric utility industry [J]. Strategic Management Journal, 1992, 13 (1): 13 – 27.

［97］ Chang, S. J. &Hong, J. Economic performance of group-affiliated companies in Korea: Intragroup resource sharing and internal business transactions ［J］. Academy of Management Journal, 2000, 43 (3): 429－448.

［98］ Karnani, A. &Wernerfelt, B. Multiple point competition ［J］. Strategic Management Journal, 1985, 6 (1): 87－96.

［99］ Edwards C. D. Conglomerate bigness as a source of power ［C］. Paper presented at the Business Concentration and Price Policy. Princeton, 1955.

［100］ Simmel. The Sociology of Georg Simmel ［M］. Glencoe, IL: Free Press, 1950.

［101］ Hughes, K. & Oughton, C. Diversification, multimarket contact and profitability ［J］. Economica, 1993, 60: 203－224.

［102］ Martinez, J. E. The linked oligopoly concept: recent evidence from banking ［J］. Journal of Economic Issues, 1990, 24 (2): 589－595.

［103］ Bernheim, B. D. &Whinston, M. D. Multimarket contract and collusive behavior ［J］. Rand Journal of Economics, 1990, 21 (1): 1－26.

［104］ Evans, W. N. &Kessides, I. N. Living by the "golden rule": Multimarket contact in the U. S. airline industry ［J］. Quarterly Journal of Economics, 1994, 109 (2): 341－366.

［105］ Smith, F. L. &Wilson, R L. The predictive validity of the Karnani and Wemerfelt model of multipoint competition ［J］. Strategic Management Journal, 1995, 16 (2): 143－160.

［106］ Gimeno, J. &Woo, C. Y Multimarket contact, economies of scope, and firm performance ［J］. Academy of Management Journal 1999, 42 (3): 239－259.

［107］ Li, S. X. &Greenwood, R. The effect of within industry diversification on firm performance synergy creation, multi-market contact and market structuration ［J］. Strategic Management journal, 2004, 25: 1131－1153.

［108］ Grant, R. Contemporary Strategy Analysis ［M］. Oxford: Blackwell, 1998.

［109］ Lubatkin, M. &Chatterjee, S. Extending modem portfolio theory into the domain of corporate diversification: Does it apply? [J]. Academy of Management Journal, 1994, 37 (1): 109 – 136.

[110] Anand, J. & Singly H. Asset redeployment, acquisitions and corporate strategy in declining industries [J]. Strategic Management Journal, 1997, 18 (1): 99 – 118.

[111] Hamel, G. &Prahalad, C. K. Competing for the future [M]. Boston, Mass: Harvard Business Press, 1994.

[112] Carpenter, M. A. , sanders, G. & Gregersen, H. B. Bundling human capital with organization context: The impact of international assignment experience on multinational firm performance and CEO pay [J]. Academy of Management Journal, 2001, 44 (4): 493 – 511.

[113] Khanna, N. &Tice, S. Strategic responses of incumbents to new entry: The effect of ownership structure and focus [J]. Review of Financial Studies, 2000, 13: 749 – 779.

[114] Zuckerman, E. W. The categorical imperative: Securities analysts and the illegitimacy discount [J]. American Journal of Sociology, 1999, 104 (5): 1398 – 1438.

[115] Montgomery, C. A. &Wernerfelt, B. Risk reduction and umbrella branding [J]. Journal of Business, 1992, 65 (1): 31 – 50.

[116] Lincoln, J. R. , Gerlach, M. L. &LAhmadjian, C. Keiretsu networks and corporate performance in Japan [J]. American Sociological Review, 1996, 61 (1): 67 – 88.

[117] Williamson, O. E. Markets and Hierarchies: Analysis and Antitrust Implications [M]. New York: Free Press, 1975.

[118] 韩中雪和朱荣林. 多元化公司内部资本市场理论研究 [J]. 外国经济与管理, 2005, 27 (2): 38 – 43.

[119] Gupta, A. K. &Govindarajan, V. Resource sharing among SBUs: strategic antecedents and administrative implications [J]. Academy of Management Journal, 1986, 29 (4): 695 – 714.

[120] Hill, C. Conglomerate performance over the economic cycle [J].

Journal of Industrial Economics, 1983, 32: 197 −211.

[121] Hill, C. W. L. , Hitt, M. A. &Hoskisson, R. E. Cooperative and competitive structures in related and unrelated diversified firms [J]. Organization Science 1992, 3: 510 −521.

[122] 卢建新. 内部资本市场理论综述 [J]. 中南财经政法大学学报, 2006 (2): 24 −30.

[123] Shin, H. &Stulz, R. M. (1998). Are internal capital markets efficient? [J]. Quarterly Journal of Economics, 113 (2): 531 −552.

[124] Milgrom, P. &Roberts, J. Complementarities and fit: strategy, structure, and organizational change in manufacturing [J]. Journal of Accounting and Economics, 1995, 19 (2.3): 179 −208.

[125] Perry, L. T. &Barney, J. B. Performance lies are hazardous to organizational health [J]. Organization Dynamics, 1981, 9 (3): 68 −80.

[126] Straw, B. M. The escalation of commitment to a course of action [J]. Academy of Management Review, 1981, 6: 577 −587.

[127] Haspeslagh, P. Portfolio planning: Uses and limits [J]. Harvard Business Review, 1982, 60 (1): 58 −74.

[128] Stulz, R. M. Managerial discretion and optimal financing policies. Journal of Financial Economics, 1990, 26: 3 −27.

[129] Rajan, R. , Servaes, H. &Zingales, L. (2000). The cost of diversity, the diversification discount and inefficient investment [J]. Journal of Finance, 55: 35 −80.

[130] Scharfstein, D. S. (1998). The dark side of internal capital markets II: Evidence from diversified conglomerates [H]. Working Paper, NBER.

[131] Villalonga, Belen, 2000, Diversification discount or premium? New evidence from BITS establishment level data, Unpublished manuscript, University of California, Los Angeles.

[132] Campa, J. M. &Kedia, S. Explaining the diversification discount [J]. Journal of Finance, 2002, 57: 1731 −1762.

[133] Hyland, D. C. &Dilitz, J. Why firms diversity: An empirical ex-

amination [J]. Financial Management, 2002, 31 (1): 51 –81.

[134] 周业安和韩梅. 上市公司内部资本市场研究 [J]. 管理世界, 2003 (11): 54 –61.

[135] 曾亚敏和张俊生. 中国上市公司股权收购动因研究 [J]. 世界经济, 2005 (2): 60 –68.

[136] 周杰, 张子峰和张敬冰. 我国中小上市公司多元化经营动机研究闭. 科学学与科学技术管理, 2007 (1): 175 –176.

[137] Barney, J. Strategic factor markets-expectations, luck and business strategy [J]. Management Science, 1986, 32: 1230 –1241.

[138] Porter, M. E. (1985). Competitive Strategy [M]. New York: Free Press.

[139] Chatterjee, S. &Wernerfelt, B. (1991). The link between resource and type of diversification: Theory and evidence [J]. Strategic Management Journal, 12: 33 –48.

[140] Montgomery, C. A. & Hariharan, S. (1991). Diversified expansion in large established firms [J]. Journal of Economics Behavior and Organization, 15: 71 –89.

[141] Barney, J. (1988). Returns to bidding firms in mergers and acquisitions: Reconsidering the relatedness hypothesis [J]. Strategic Management Journal, 9: 71 –78.

[142] Porter, M. E. From competitive advantage to corporate strategy [J]. Harvard Business Review, 1987, 65 (3): 43 –59.

[143] Capon, N. , Hulbert, J. M. &Farley, J. U. Corporate diversity and economic performance: The impact of market specialization [J]. Strategic Management Journal, 1988, 9 (1): 61 –74.

[144] Villalonga, B. (2004). Diversification discount or premium? New evidence from the Business Information Tracking Series. Journal of Finance, 59, 479 –506.

[145] Teece, D. J. Towards an economic theory of the multiproduct firm. [J]. Journal of Economic Behavior and Organization, 1982, 3 (3): 39 –63.

［146］车幼梅和龚小君. 公司资源、治理结构与多元化战略类型选择：理论与证据［J］. 工业技术经济，2005，25（4）：76－83.

［147］Amit，R. &Livnat，J. Diversification and the risk-return trade-off［J］. Academy of Management Journal，1988，31：154－166.

［148］Lubatkin，M. &Chatterjee，S. The strategy-shareholder value relationship：Testing temporal stability across market cycles［J］. Strategic Management Journal，1991，14（4）：251－271.

［149］Williams，J. ，Paez，B. &Sanders，L. Conglomerate revisited［J］. Strategic Management Journal，1988，9（5）：403－414.

［150］Chang，S. J. &Thomas，H. The impact of diversification strategy on risk-return performance［J］. Strategic Management Journal，1989，10（3）：271－284.

［151］朱江. 我国上市公司的多元化战略和经营业绩［J］. 经济研究，1999（11）：54－61.

［152］姜付秀. 我国上市公司多元化经营的决定因素研究［J］. 管理世界，2006（5）：128－135.

［153］沈红波. 我国上市公司的多元化战略与公司业绩［J］. 上海管理科学，2007（2）：7－11.

［154］Amihud，Y. & Lev，B. Does corporate ownership structure affects its strategy toward diversification?［J］. Strategic Management Journal，1999，20（11）：1063－1069.

［155］Bettis，R. A. Performance difference in related and unrelated diversified firms［J］. Strategic Management Journal，1981，2（4）：379－393.

［156］Bettis，R. A. &Hall，W. K. Diversification strategy，accounting determined risk，and accounting determined return［J］. Academy of Management Journal，1982，25（2）：254－264.

［157］Farjoun，M. The independent and joint effects of the skill and physical bases of relatedness in diversification［J］. Strategic Management Journal，1998，19（7）：611－630.

［158］Lubatkin，M. ，Merchant，H. &Srinivasan，N. Construct validity of some unweighted product-count diversification [J]. Strategic Management Journal, 1993, 14 (6): 433 –450.

[159] Morck, R., Yeung, B., 1998. Why Firms Diversify: Internalization vs. Agency Behavior. University of Alberta, unpublished manuscript.

[160] Bodnar, G. M., Tang, 1999. Both Sides of Corporate Diversification: The Value Impacts of Geographic and Industrial Diversification. Unpublished manuscript, Paul H. Nitze School of Advanced International Studies, Johns Hopkins University (December).

[161] Williamson, O. E. The Economic Institutions of Capitalism: Firms, Markets and Relational Contracting [M]. New York: Free Press, 1985.

[162] Hennart, J. F. (1988). A transaction costs theory of equity joint ventures [J]. Strategic Management Journal, 9: 361 –347.

[163] Hill, C. (1994). Diversification and economic performance: Bringing structure and corporate management back into the picture [G]. In Rumelt, R., Schendel, D. &Teece, D. (Eds.). Fundamental Issues in Strategy. Boston: Harvard Business School Press: 297 –321.

[164] Bergh, D. &Holbein, G. (1997). Assessment and redirection of longitudinal analysis: Demonstration with a study of the diversification and divestiture relationship [J]. Academy of Management Journal, 18: 557 –571.

[165] Nayyar, P. R. On the measurement of corporate diversification strategy: evidence from large U. S service firms [J]. Strategic Management Journal, 1992, 13 (3): 219 –235.

[166] Hoskisson, R. E. &Hitt, M. A. Strategic control systems and relative R&D investment in large multiproduct firms [J]. Strategic Management Journal, 1988, 9 (6): 605 –621.

[167] Berle, A. &Means, G. The modem corporation and private property [M]. New York: MacMillan, 1932.

[168] Donaldson, L. American anti-management theories [M]. Cambridge University Press, 1995.

[169] Schumpeter, J. A. (1934). The Theory of Economic Development

[M]. Cambridge, MA: Harvard University Press.

[170] March, J. &Simon, H. (1958). Organizations [M]. New York: Wiley.

[171] Mueller, D. C. (1972). A life-cycle theory of the firm [J]. Journal of Industrial Economics, 20 (3): 199 – 220.

[172] Amihud, Y. &Lev, B. Risk reduction as a managerial motive for conglomerate [J]. Bell Journal of Economics, 1981, 12: 605 – 617.

[173] 金天和余鹏翼. 股权结构、多元化经营与公司价值: 国内上市公司的证据检验 [J]. 南开管理评论, 2005, 8 (6): 80 – 84.

[174] 洪道麟, 刘力和熊德华. 多元化并购、企业长期绩效损失及其选择动因 [J]. 经济科学, 2006 (5): 63 – 73.

[175] 韩中雪, 朱荣林和王宁. 股权结构、代理问题与公司多元化折价 [J]. 当代经济科学, 2006, 28 (5): 52 – 58.

[176] 艾健明和柯大钢. 多元化战略与管理保护: 基于中国上市公司进入新行业的视角 [J]. 管理评论, 2007, 19 (4): 29 – 37.

[177] Lane, P. J., Cannella, A. A. &Lubatldn, M. H. Agency problems as antecedents to unrelated diversification: Amihud and Lev reconsidered [J]. Strategic Management Journal, 1998, 19 (6): 555 – 578.

[178] Denis, D. J., Denis, D. K. &Sarin, A. Agency problems, equity ownership, and corporate diversification [J]. Journal of Finance, 1997, 52: 135 – 160.

[179] Lane, P. &Lubatkin, M. Relative absorptive capacity and interorganizational learning [J]. Strategic Management Journal, 1998, 19 (5): 461 – 477.

[180] Lane, P. J., Cannella & Lubatkin, M. H. Ownership structure and corporate strategy: one question viewed from two different worlds [J]. Strategic Management Journal, 1999, 20 (11): 1077 – 1086.

[181] Blackburn, V L., Lang, J. R. &Johnson, K. H. Mergers and shareholder returns: The roles of acquiring firm's ownership and diversification strategy [J]. Journal of Management, 1990, 16 (4): 769 – 782.

[182] Anderson, A., Bares, T., Bizjak, J., et al. Corporate governance

and firm diversification. [J]. Financial Management, 2000, 29: 5 – 22.

[183] Eisenmann, T. R. The effects of CEO equity ownership and firm diversification on risk taking [J]. Strategic Management Journal, 2002, 23 (6): 513 – 534.

[184] Kannan, R. &Li, M. Who drives unrelated diversification? A study of Indian manufacturing firms [J]. Asia Pacific Journal of Management, 2004, 21: 403 – 423.

[185] Wright, P. , Kroll, M. , Lado, A. , et al. The structure of ownership and corporate acquisition strategies [J]. Strategic Management Journal, 2002, 23 (1): 41 – 53.

[186] Goranova, M. , Alessandri, T M. , Brandes, P, et al. Managerial ownership and corporate diversification: A longitudinal view [J]. Strategic Management Journal, 2007, 28 (2): 211 – 225.

[187] Zahra, S, and G George. Absorptive Capacity: Review, Reconceptualization and Extension [J]. Academy of Management Review, 2002, (27) 2: 213 – 240.

[188] Verona, G. &Ravasi, D. Unbundling dynamic capabilities: an exploratory study of continuous product innovation [J]. Industrial and Corporate Change, 2003, 12: 577 – 606.

[189] Cepeda, G. & D. Vera. Knowledge management and firm performance: examining the mediating link of dynamic capabilities, 4th International Meeting of the Iberoamerican Academy of Management, Lisbon, Portugal. 2005.

[190] John C. Panzar and Robert D. Willig Economies of Scale in Multi – Output Production. [J]. The Quarterly Journal of Economics Vol. 91, No. 3 (Aug. , 1977), pp. 481 – 493.

[191] Prahalad, C. K. & Hamel, G. The core competence of the corporation [J]. Harvard Business Review, 1990, 68 (3): 79 – 90.

[192] Wang, C L, and P K Ahmed. Dynamic Capabilities: A Review and Research Agenda [J]. International Journal of Management Reviews, 2007,

（9）1: 31 −51.

[193] Desmond W. Ng. A Modern Resource Based Approach to Unrelated Diversification. [J]. Journal of Management Studies, Volume 44, Issue 8, pages 1481 − 1502, December 2007.

[194] Leonard − Barton, D. Core Capability & Core Rigidity: A Paradox in Managing New Product Development [J]. Strategic Management Journal, 1992, 13: 111 −125.

[195] John, S. &Harrison, J. S. Manufacturing-based relatedness, synergy, and coordination [J]. Strategic Management Journal, 1999, 20 (2): 129 −145.

[196] Szeless, G. , Wiersema, M. &Stewens, G. M. Portfolio interrelationships and financial performance in the context of European firms. [J]. European Management Journal 2003, 21 (2): 146 −163.

[197] Sharma, A. &Kesner, I. F. Diversifying entry: Some ex ante explanations for post-entry survival and growth [J]. Academy of Management Journal, 1996, 39 (3): 635 −677.

[198] Sharma, A. Mode of entry and ex-post performance [J]. Strategic Management Journal, 1998, 19 (8): 879 −900.

[199] Ramaswamy, K. The performance impact of strategic similarity in horizontal mergers [J]. Academy of Management Journal, 1997, 40 (3): 697 −717.

[200] Pehrsson, A. Business relatedness and performance: a study of managerial perceptions [J]. Strategic Management Journal, 2006, 27 (3): 265 −282.

[201] Larsson, R. &Finkelstein, S. (1999). Integrating strategic, organizational, and human resource perspectives on mergers and acquisitions: A case survey of synergy realization [J]. Organization Science, 10: 1 −26.

[202] Prieto & Easterby − Smith. Dynamic capabilities and the role of organizational knowledge: an exploration. [J]. European Journal of Information Systems (2006) 15, 500 −510.

〔203〕Kessler, E., Allocca, M. &Rahman, N. External Knowledge Accession and Innovation Speed in the Small and Medium Sized Enterprise (SME) 〔J〕. Small Enterprise Research, 2007, 15 (1): 1 – 21.

〔204〕Koberg, C. &Uhlenbruck, N. &Sarason, Y Facilitators of organizational innovation: the role of life-cycle stage 〔J〕. Journal of Business Venturing. 1996, 11 (2): 133 – 149.

〔205〕Yli – Renko, H., Autio, E. &Sapienza, H. Social capital, knowledge acquisition, and knowledge exploitation in young technology-based firms 〔J〕. Strategic Management Journal. 2001, 22 (6 – 7): 587 – 613.

〔206〕Narver, Slater, S. & MacLachlan, D. Responsive and Proactive Market Orientation and New – Product Success 〔J〕. Journal of Product Innovation Management, 2004, 21 (5): 334 – 347.

〔207〕Henderson, R. &Cockburn, I. Measuring competence? Exploring firm effects in pharmaceutical research 〔J〕. Strategic Management Journal, 1994, 15, Special Issue: 63 – 84.

〔208〕Laursena & Salterb, Searching high and low: what types of firms use universities as a source of innovation? 〔J〕. Research Policy, Volume 33, Issue 8, October 2004, Pages 1201 – 1215.

〔209〕Gibbons, M. &Johnston, R. The roles of science in technological innovation 〔J〕. Research Policy, 1974, 3 (3): 220 – 242.

〔210〕Haro – Dominguez, M., Arias – Aranda, D. &Llorens – Montes, F. et al. The impact of absorptive capacity on technological acquisitions engineering consulting companies 〔J〕. Technovation, 2007, 27 (8): 417 – 425.

〔211〕Cohen WM, Levinthal DA. 1990. Absorptive capacity: a new perspective on learning and innovation. Administrative Science Quarterly 35 (1): 128 – 152.

〔212〕Rosenberg, Why do firms do basic research (with their own money)? 〔J〕. Research Policy, 1990, vol. 19, issue 2, pages 165 – 174.

〔213〕Eisenhardt & Brown, Competing on the Edge: Strategy as Structured Chaos. 〔J〕. Long Range Planning, Volume 31, Issue 5, 12 October

1998, Pages 786 – 789.

［214］Miyazaki, K. Search, Learning and Accumulation of Technological Competences: The Case of Optoelectronics ［J］. Industrial and Corporate Change. 1994, 3 (3), 631 – 654.

［215］Veugelers. Internal R & D expenditures and external technology sourcing. ［J］. Research Policy, Volume 26, Issue 3, October 1997, Pages 303 – 315.

［216］吴晓波. 二次创新的周期与企业组织学习模式 ［J］. 管理世界, 1995 (3): 168 – 172.

［217］March, J. (1991). Exploration and exploitation in organizational learning ［J］. Organization Science, 2: 71 – 87.

［218］Castaner, J. (2002). Diversification as learning: The role of corporate exploitation and exploration under different environmental conditions in the US phone industry, 1979 – 2002 ［D］. A Ph. D. Thesis of the University of Minnesota.

［219］Levinthal, D. A. &March, J. G. (1993). The myopia of learning ［J］. Strategic Management Journal, 14: 95 – 112.

［220］Chang, S. J. (1996). An evolutionary perspective on diversification and corporate restructuring: Entry, exit and economic performance during 1981 – 89 ［J］. Strategic Management Journal, 17: 587 – 611.

［221］Morck, R. &Yeung, B. (2002). Why firm diversify: Internalization versus agency problems ［G］. In Hand, J. &Lev, B. (Eds.). Intangible assets. Oxford: Oxford University Press.

［222］王治平, 郑其绪. 人力资本与知识创新 ［J］. 石油大学学报 (社会科学版), 2002, 18 (3): 50 – 52.

［223］Breschi, S. , Lissom, F. &Malerba, F. (2003). Knowledge-relatedness in firm technological diversification ［J］. Research Policy, 32 (1): 69 – 87.

［224］Stimpert, J. L. & Duhaime, I. M. (1997b). In the eyes of beholder: Conceptualizations of relatedness held by the managers of large diversified firms [J]. Strategic Management Journal, 18: 11 – 125.

[225] Robins, J. &Wiersema, M. F. (2002). The measurement of corporate portfolio strategy: Analysis of the content validity of related diversification indexes [H]. GSM Working Paper, University of California, Irvine.

[226] Schumacker, R. E. , & Lomax, R. G. (1996). A beginner's guide to structural equation modeling. Mahwah, NJ: Lawrence Erlbaum Associates.

[227] Bentler, P. M. , Chou, C. P. (1987). Practical issues in structural modeling. Sociological Methods and Research, 16, 78 – 117.

[228] Mueller, R. O. (1997). Structural equation modeling: Back to basics. Structural Equation Modeling, 4, 353 – 369.

[229] Nieto, M. , Quevedo, P. . Absorptive capacity, technological opportunity, knowledge spillovers, and innovative effort. Technovation, 2005, 25 (10): 1141 – 1157.

[230] Jantunen, A. . Knowledge-processing capabilities and innovative performance: an empirical study. European Journal of Innovation Management, 2005, 8 (3): 336 – 349.

[231] Tu, Q. , Vonderembse, ma, Ragunathan, is and Sharkey, tw. Absorptive capacity: Enhancing the assimilation of time-based manufacturing practices. Journal of Operations Management, 2006, 24: 692 – 710.

[232] Andrawina, L. Govindaraju, R. Samadhi, T. A. Sudirman, I. Absorptive Capacity Moderates the Relationship between Knowledge Sharing Capability and Innovation Capability. Industrial Engineering and Engineering Management, 2008. IEEE International Conference on Publication Date: 8 – 11 Dec. 2008: 944 – 948.

[233] 陈艳艳，王国顺. 知识吸收能力与企业技术能力协调发展的理论模型 [J]. 财经理论与实践. 2010 (02): 99 – 102.

[234] Jansen, J. J. P , Van Den Bosch. E A. J. and volberda, H. W. . Managing potential and realized absorptive capacity: How do organizational antecedents matter? Acad. Management J. , 2005, 48: 999 – 1015.

[235] Gorsuch, Richard L. Three methods for analyzing limited time-series

(N of 1) data. [J]. Behavioral Assessment, Vol 5 (2), 1983, 141 – 154.

[236] Vittorio Chiesa, Raffaella Manzini. Competence-based diversification. [J]. Long Range Planning, Volume 30, Issue 2, April 1997, Pages 209 – 217, 150 – 151.

[237] 芮明杰, 李鑫, 任红波, 高技术企业知识创新模式研究 [J]. 外国经济与管理, 2004 (5): 8 – 11.

[238] Stata, R. Organizational Learning: The Key to Management Innovation [J]. Sloan Management Review, 1989, 30: 63 – 74.

[239] Ding, L., Velicer, W. F., & Harlow, L. L. (1995). Effects of estimation methods, number of indicators per factor, and improper solutions on structural equation modeling fit indices. Structural equation modeling, 2, 119 – 143.

[240] 侯杰泰, 温忠麟, 成子娟. 结构方程模型及其应用. 北京: 教育科学出版社, 2004.

[241] Kogut, B. &Zander, U. Knowledge of the firm, combinative capabilities, and the replication of technology [J]. Organization Science, 1992, 3 (3): 383 – 397.

[242] Davis, G. &Stout, S. (1992). Organizational theory and the market for corporate control: A dynamic analysis of the characteristics of large takeover targets, 1980 – 1990 [J]. Administrative Science Quarterly, 37: 605 – 633.

[243] Venkatraman, N., Ramanujam, V. Measurement of Business Performance in Strategic Research: A Comparison of Approaches, Academy of Management Review, 1986, 11 (4): 801 – 814.

[244] Alfred M. Pelham, Influence of Environment, Strategy, and Market Orientation on Performance in Small Manufacturing Firms. [J]. Journal of Business Research, Volume 45, Issue 1, May 1999, Pages 33 – 46.

[245] Huselid, M. A., Jackson, S. E., Schuler, R. S. Technical and Strategic Human Resource Management Effectiveness as Determinants of Firm Performance [J]. Academy of Management Executive, 1997, 1 (3): 207 – 219.

[246] Milé Terziovski, Danny Samson, (1999), The link between total quality management practice and organizational performance, International Jour-

nal of Quality & Reliability Management, Vol. 16: 226 – 237.

[247] Stella M. Nkomo, Human resource planning and organization performance: An exploratory analysis. [J]. Strategic Management Journal, Volume 8, Issue 4, pages 387 – 392, July/August 1987.

[248] Little, t. d. (1997). Mean and covariance structures (MACS) analysis of cross-cultural data: practice and theoretical issues. Multivariate behavioral research, 32, 53 – 76.

[249] Grant, R. M. Prospering in dynamically organizational capability as knowledge 1996, 7: 375 – 387 competitive environments: integration [J]. Organization Science.

[250] Conner, K. & Prahalad, C. A resource-based theory of the firm: Knowledge versus opportunism [J]. Organizational Science, 1996, 7 (5): 477 – 501.

[251] I. Spender, J. C&Grant, R. M Management Journal, 1996. Knowledge and the firm: Overview [J]. Strategic 17: 5 – 9.

[252] Pavlou, P A. IT enabled dynamic capabilities in new product development: Building a competitive advantage in turbulent environments [D]. Doctoral dissertation, Business Administration, University of Southern California, CA, 2004.

[253] George, G Learning to be capable: patenting and licensing at the Wisconsin Alumni Research Foundation 1925 – 2002 [J]. Industrial and Corporate Change, 2005, 14: 119 – 151.

[254] Voss, C. Tsikriktsis, N. & Frohlich, M. Case research in operations management [J]. 2002, 22 (2): 195 – 219.

[255] Leonard – Barton, D. A Dual Methodology for Case Studies: Synergistic Use of a Longitudinal Single Site with Replicated Multiple Sites [J]. Organization Science, 1990, 1 (3): 248 – 266.

[256] Meredith, J. Building operations management theory through case and field research [J]. Journal of Operation Management, 1998, 16: 441 – 454.

[257] Lincoln, Y. & Guba, E. Naturalistic inquiry (Edition: 6) [M].

Beverly Hills, CA: Sage, 1985.

[258] 胡钢, 曹兴. 知识视角下动态能力对多元化战略影响的研究 [J]. 科研管理, 2014 (9): 98 – 105.

[259] 胡钢. 动态能力对多元化绩效的影响——基于制造业的实证研究 [J]. 系统工程, 2013 (5): 60 – 67.

[260] 胡钢. 动态能力研究现状与趋势 [J]. 财务与金融, 2012 (4): 66 – 73.

[261] HU Gang and ZHANG Xiaomao. Study on Improving Z – score Model Based on the Logistic Model: Evidence from Listed Companies in China. 2009 International Conference on Information Management, Innovation Management and Industrial Engineering, ICIII 2009, v2, p240 – 244.

[262] 胡钢. 管理者收购——解决企业委托代理问题的一种方法 [J]. 湖南经济管理干部学院学报, 2004 (1): 37 – 38.

[263] 胡钢. 组织变革中阻力与动力分析及对策 [J]. 财经窗, 2003 (10 – 11): 76 – 77.

后　记

　　我对企业多元化战略问题产生研究兴趣，源于 2003 年参与制订三一重工组织变革管理方案。2006 年，我到中南大学商学院攻读博士学位，有幸成为曹兴教授的弟子，使我得以在学术上进一步深入研究企业多元化战略问题。本书是在我的博士学位论文基础上形成的。这既是对我博士学习研究阶段的一个总结，也是迈向新学术之路的起点。回首这段历程，有欢笑、有艰辛，有奋斗、有彷徨，在全书完成之际，往事历历在目，心中长存感激。

　　首先衷心感谢我的导师曹兴教授。师从曹老师是我莫大的荣幸，他渊博的学识、孜孜不倦的治学精神、宽广的胸怀、正直的处事态度教导我如何做人，让我终身受益。记不清多少次学术会议，曹老师再忙也总是亲临指导，在一次次学术思想的碰撞火花中，让我开阔了思路、激发了灵感。曹老师远见卓识的指导和严谨的学术态度给我以一生的启迪，本书从选题、拟定写作提纲到修改定稿，整个过程都是在导师的悉心指导下才得以顺利完成。尤其是在历次学术会议上进行研究情况汇报，他多次对研究进行了细致和认真的指导。我所取得的每一点进步都凝聚着曹老师的心血，在此谨向曹老师表示崇高的敬意和衷心的感谢！

　　感谢湖南商学院陈晓红教授，她严谨求实的治学态度、勇于创新的科研意识、对莘莘学子的关心、对治学研究的严格要求将使我受益终身；她渊博的学识、敏锐的思维、开阔的视野、精益求精的工作作风、宽广的胸怀对我影响深远。

　　感谢中南大学游达明教授、胡振华教授、洪开荣教授、张根明教授、颜爱民教授、任胜钢教授、邓超教授等在百忙之中对研究的选题、写作和修改提出的精心指导；感谢中南大学中国企业集团研究中心的各位同仁对本书写作提出的中肯且重要的修改意见，他们为本书的顺利完成和质量的提高起到了关键性作用。

感谢我的师兄汤长安博士、彭耿博士，师姐李小娟博士、陈琦博士对我的指导和帮助，他们作为我的学长和朋友，在我困惑时给我鼓励，在我彷徨时给我支持，让我少走了很多弯路。感谢一起奋斗的同门师兄弟姐妹：曾建新、王福明、成琼文、宋娟、姚惠明、游坚平、张亮、汤勇、李星宇，他们让我体会到大家庭的和谐与温暖，使我在求学的道路上没有感到孤单。

感谢湖南省社科规划办、长沙理工大学的资助。在本书中，引用了大量的参考文献，没有这些科学工作者的智慧和铺垫作基础，我将难以完成计划的研究工作。在此，特别向所有参考文献的作者致以衷心的感谢！

感谢我的家人长久以来对我的理解、支持、关怀和鼓励，在此期间儿子的出生给我带来了欢乐，也增加了一份责任与牵挂，特别感谢我的妻子肖全红给予我无限的支持和体谅，她工作之余要承担大量的家务及抚养小孩，帮我度过了一个个难关。谨以此书献给他们。

胡钢

2016 年 6 月于岳麓山